Jascha Großherr

Wir
vom Jahrgang
1987
Kindheit und Jugend

Impressum

Bildnachweis:

Umschlag: Privatarchiv L. Rost (oben), Privatarchiv Großherr (unten, hinten).
Innenteil: Privatarchiv L. Rost: S. 4, 8 u., 9, 11, 12, 15 o., 17 o. + u.l./r., 18 r., 19 u.r., 20 o./u., 25, 26, 40, 43 u., 45, 48, 53 o./u., 61, 63; Privatarchiv Großherr: S. 5, 6, 8 o., 13, 15 u., 18 l., 19 o.l./r. + u.l., 22 o./u., 23, 27 o./u., 29 o./u., 31 o./u., 32, 33 l./r., 34 l./r., 35 l./r., 38, 42, 47, 50, 52, 54, 55, 58 l./r., 59; Archiv Dieter Großherr: S. 16; ullstein bild – ddp: S. 7; ullstein bild – Schraps: S. 10; ullstein bild – dpa: S. 14, 30; ullstein bild – United Archives/KPA: S. 28, 60 o.; ullstein bild – Willmann: S. 39; ullstein bild – Bonn-Sequenz: S. 41; ullstein bild – contrast/Boris Streubel: S. 43 o.; ullstein bild – Thonke: S. 44; ullstein bild –CARO/Claudia Hechtenberg: S. 49; ullstein bild – Wodicka: S. 56; ullstein bild – BPA: S. 57, ullstein bild – United Archives/CBI: S. 60 u.; ullstein bild – CARO/Anke Teschner: S. 62.

Wir danken allen Lizenzträgern für die freundliche Abdruckgenehmigung. In Fällen, in denen es nicht gelang, Rechtsinhaber an Abbildungen zu ermitteln, bleiben Honoraransprüche gewahrt.

5. Auflage 2022
Alle Rechte vorbehalten, auch die des auszugsweisen
Nachdrucks und der fotomechanischen Wiedergabe.
Gestaltung und Satz: r2 | Ravenstein, Verden
Druck: Druck- und Verlagshaus Thiele & Schwarz GmbH, Kassel
Buchbinderische Verarbeitung: Buchbinderei S. R. Büge, Celle
© Wartberg-Verlag GmbH
34281 Gudensberg-Gleichen • Im Wiesental 1
Telefon: 056 03/9 30 50 • www.wartberg-verlag.de
ISBN: 978-3-8313-3087-4

Vorwort

Liebe 87er!

Ein bisschen wehmütig und melancholisch blicken wir zurück, wenn wir an unsere Kindheit denken. War damals nicht alles einfacher, unbeschwerter und freier? War das strahlend rote Herbstlaub damals nicht intensiver, als wir als Zwerge einst durch die Welt irrten, jeden Regenwurm, jedes Detail auf dem Boden wahrnahmen und Geld auf der Straße fanden?

Heute finden wir kein Geld auf den Straßen, wir sehen es einfach nicht. Möglicherweise sind wir dazu zu groß, zu beschäftigt, zu zielstrebig und zu gelenkt. Wir haben unseren Weg und unser Ziel. All das, was wir heute sind und heute wollen, sind und wollen wir wegen unserer Vergangenheit. Sie hat uns beeinflusst. Denken wir an die „Action-Man"- und „Quatsch Traube"-Werbungen unserer Kindheit, wird uns womöglich klar, warum wir heutzutage mit Chucks und Louis-V-Taschen rumlaufen, warum Geiz geil ist und wir doch nicht blöd sind, und warum Schlankheitsberater die Bestsellerlisten dominieren. Doch es war auch damals nicht alles nur Konsum und „Habenwollen". Schlammbefleckte, zerschlissene Hosen von wilden Abenteuern im Wald zeugen von einer unbeschwerten, schönen Kindheit in der freien Natur. Schnell lernten wir diese Privilegien zu schätzen, schärften unser Auge und unseren Sinn für die Probleme der Welt, die Jugend brach an. Manch Sünde dieser Zeit mag uns peinlich sein und am liebsten wollen wir sie verdrängen, von wasserstoffblonden Haaren und Henna-Tattoos wollen wir nichts mehr wissen. Wenn wir uns an die Jugendzeit erinnern, blicken wir mit einem Gefühl der Erhabenheit und Abgeklärtheit zurück, wollen über den Dingen stehen, den Ausrutschern, Verirrungen und Umwegen. Um „ins Reine" mit unserer Vergangenheit zu kommen, müssen wir uns erinnern, zurückschauen und vergangenen Momenten nachsinnen. Lieber Jahrgang, lasst uns erinnern an unsere Kindheit, den freudvollen Jahren von Pampers und Buggy bis zum Scout. Schauen wir zurück auf unseren ersten Schultag und die zeithistorischen Ereignisse, die diese Zeit umspielten. Lasst uns nachsinnen, der ersten großen Liebe, dem ersten Kuss und dem ersten, flüchtigen, heimlichtuerischen Zug an einer Zigarette. Ich wünsche dem Jahrgang 1987 viel Spaß beim Erinnern.

Jascha Großherr

1987-1989

Vom Urschrei bis zum Kindergarten

Schön ist es, auf der Welt zu sein.

Licht am Ende des Tunnels

Mozart, Beethoven oder Wagner – über was machen sich die da draußen denn alles so Gedanken? Fördert es denn wirklich unser musisches Talent, wenn wir schon im fötalen Stadium mit klassischer Musik bespielt werden? Oder würde sich doch Rock 'n' Roll viel mehr als fördernd für uns erweisen? Nun ja, wir wollen nach in der Regel neun Monaten nun einfach endlich raus und das Licht der großen, weiten Welt erblicken. Ohne es zu wissen bescheren wir unseren Eltern das größte Glück auf Erden – zumeist. In der Folge werden wir nun mit einer Fülle an neuen Dingen konfrontiert. Plötzlich fällt uns alles so schwer, war doch im wohlbehüteten Bauch der Mutter alles ganz einfach. Wir bewegten uns schwerelos und für die Nahrungsaufnahme hatten wir eine direkte, unkomplizierte Verbindung zur Mutter. Tatsächlich wird uns in den ersten Monaten unseres Lebens nahezu alles abge-

Chronik

Das Fläschchen kann auch schon mal der große Bruder verabreichen.

27. Januar 1987
Gorbatschow kündigt die Perestroika, die Umgestaltung der UdSSR, an.

7. September 1987
DDR-Staatschef Erich Honecker besucht die BRD.

31. Dezember 1987
Robert Mugabe wird Staatsoberhaupt von Simbabwe.

26. März 1988
Katarina Witt wird zum vierten Mal Weltmeisterin im Eiskunstlauf.

14. April 1988
Misswirtschaft in der Kriegsindustrie und internationaler Druck veranlassen die Sowjetunion zum Abzug ihrer Truppen aus Afghanistan.

20. August 1988
Der Krieg zwischen Iran und Irak endet.

17. September 1988
Der Kalte Krieg ist für die Sowjetunion verloren. Doch bei den Olympischen Spielen in Seoul/Südkorea gehen sie als Sieger vor den USA hervor.

26. März 1989
Erste freie Wahlen in der Sowjetunion sind ein erster Schritt in Richtung Öffnung gen Westen.

9. Juli 1989
Boris Becker und Steffi Graf triumphieren beide in Wimbledon.

11. September 1989
Ungarn öffnet die Grenze zu Österreich und ermöglicht damit rund 10 000 DDR-Bürgern die Flucht in den Westen.

30. September 1989
6299 DDR-Flüchtlinge dürfen vom Gelände der westdeutschen Botschaften in Prag und Warschau in die BRD ausreisen.

9. November 1989
Die DDR kann dem Druck der Bevölkerung nicht mehr standhalten und die Mauer fällt.

nommen, wir werden gefüttert, sauber gemacht, betätschelt und das eine oder andere Mal zu viel auf den Arm genommen. Natürlich sind wir noch nicht dazu in der Lage, uns adäquat zu artikulieren, und so endet meist ein ganz simpler Wunsch, sei es eine warme Decke oder eine abgedunkelte Umgebung, in einer Symphonie aus Geschrei, Weinen und Schluchzen. Unser Drang danach, die Welt zu erkunden, treibt uns zu Höchstleistungen und wir fangen nach einigen Monaten an, uns auf allen vieren zu bewegen. Es ist erstaunlich, wie geschickt wir dieses nach kurzer Zeit beherrschen, und weil wir allerdings

Die stecken doch alle unter einer Decke.

vergessen haben, unsere räumliche Wahrnehmung zu schulen, endet die Entdeckungsreise ein manches Mal mit einer kleinen Beule. Schnell ist der Schmerz vergessen und nach circa zwölf Monaten läuft alles wie geschmiert. Vergessen sind die Zeiten, in denen wir Schuh, Wischmopp und Konsorten „Hallo" gesagt haben. Unsere neuen Freunde lauten Couchtisch und Zimmerpflanze. Alsbald machen wir das eine oder andere Mal zu oft von einer Fähigkeit Gebrauch, die nur uns Menschen vorbehalten ist. Wir können unseren winzigen Daumen zu jedem anderen Finger unserer Hand opponieren und machen davon auch schamlos Gebrauch. Bald gleichen die Bilder, die sich in den Wohnzimmern dieser Erde abspielen, eher einem Krimi als normalem Hausalltag. Wir werden von unseren Eltern auf Schritt und Tritt verfolgt und argwöhnisch beobachtet. Was nimmt der kleine Knilch da schon wieder in die Hand, um es im nächsten Moment entweder fortzuschleudern oder aber auf seinen Geschmack zu testen? Als ob uns das Überangebot an Nahrungsmitteln nicht genügen würde. Doch am besten schmeckt uns immer noch, was Mama zu Hause selbst herstellt. Zerdrückte Bananen oder aber ein warmer Grießbrei, all das zaubert ein manches Mal ein kleines Lächeln auf unsere dicken rosigen Wangen.

Geboren 1987

9. März **Lil Bow Wow**,
            amerikanischer Rapper
11. April **Joss Stone**,
            britische Soulsängerin
19. April **Maria Jurjewna Scharapowa**,
            russische Tennisspielerin
            und Model
18. Mai **Jaana Ehmcke**,
            deutsche Schwimmerin
26. Juni **Samir Nasri**,
            französischer Fußballspieler
7. Sep. **Evan Rachel Wood**,
            amerikanische Schauspielerin
28. Sep. **Hilary Duff**,
            amerikanische Schauspielerin
25. Okt. **Fabian Hambüchen**, deutscher
            Geräteturner, Sportler des
            Jahres 2007
7. Dez. **Aaron Carter**, amerikanischer
            Sänger, Bruder von Nick Carter

Kunstturner Fabian Hambüchen.

Draußen muss es noch mehr geben

Wenn es nun wieder heißt, die ganze Mannschaft macht sich auf den Weg, bedeutet dies für uns eine mehr oder weniger ruhige Fahrt in unserer eigenen Kutsche. Für uns muss es einen Mittelpunkt der Erde geben. Irgendeinen Magneten, der alle Mütter oder Väter wie paralysiert zu den immer gleichen Orten steuern lässt.

Es ist der Sandkasten oder vielmehr für uns ein riesiger Steinbruch. Und unsere eigenen Baumeister sind wir dabei auch noch. Wir planen, streiten, konstruieren, streiten, bauen neu und so geht das fröhliche Treiben den ganzen Nachmittag lang. Doch unser großer Plan, die ganze Welt zu entdecken, kann nicht einzig und allein in der Erkundung von Steinbrüchen und Sandstränden liegen. Wir wollen mehr und so machen wir uns bald auf, die Dickichte des Dschungels zu durchforsten. Kein Busch bleibt verschont, wenn unsere kleinen Füße hindurchtrampeln und wir machen folglich auch Bekanntschaft mit den Bewohnern des Dschungels. Wir stellen fest, dass außer den gemeinen Haustieren wie Hund und Katze auch noch

Gemeinsam sind wir stark.

viele andere Lebewesen diesen Planeten bewohnen. Schnecken, Regenwürmer und Käfer werden ausgiebig unter die Lupe genommen, und bedauerlicherweise endet der biologische Exkurs das eine oder andere Mal nicht so erfreulich für die kleinen Tierchen. Moral und Tugend stellen noch Fremdwörter dar und einzig und allein gesellschaftliche Ereignisse verpflichten uns dazu, der wilden Natur den Rücken zuzukehren. So mancher wird in seinen frühkindlichen Erinnerungen Bilder der Fußballweltmeisterschaft von 1990 entdecken.

Weniger die Ereignisse auf dem Fußballplatz als vielmehr die emotionale Gebanntheit vor dem Bildschirm fasziniert uns. So ganz verstehen wir den Tumult um den Sieg der deutschen Nationalmannschaft noch nicht, aber Spaß machen diese Großereignisse den Kleinsten auch schon.

Wir wollen mehr und bald flitzt die Generation „Dreikäsehoch" auf äußerst sportlich anmutenden Dreirädern über die Gehwege unserer Nachbarschaft. Es dauert nicht lange und es prägt ein weiteres Gefährt das Bild der Straßen: Der Tretroller. Unter den besorgten Eltern sehr beliebt, da wir auf diesen raffinierten Vehikeln nicht allzu hohe Geschwindigkeiten erreichen können. Sollte wider Erwarten nun doch einmal ein kleiner Unfall geschehen, so beißen wir auf die kleinen Milchzähne und halten tapfer die ärztliche Erstversorgung unserer Eltern aus. Denn ein Indianer kennt keinen Schmerz.

Schick in Strick.

8

Im Land der Träume gibt es viel zu entdecken

Für uns sind die abendlichen Stunden etwas ganz Besonderes, denn wir sind noch nicht durch die medialen Möglichkeiten unserer Erde vorbelastet und somit wird jede Erzählung der Großen zu einer Reise der Fantasien und Bilder. Bild für Bild setzen wir unsere Vorstellungen zusammen und so werden Märchenerzählungen und Abenteuergeschichten zu unseren eigenen Filmen. Zum einen nutzen wir die Möglichkeit von Bildbänden und Fantasiezeichnungen, zum anderen lauschen wir gebannt den Stimmen unserer Eltern oder Geschwister. Die ersten Erfahrungen mit der Technik machen wir wohl in Form von Kassettenbändern und rasch wird unsere Umgebung in den lustig-fröhlichen Zoo von „Benjamin Blümchen" verwandelt oder wir finden uns auf den schaurig-spannenden Tatorten der „Drei ???" wieder. Diese Hörspiele geleiten uns altersgerecht in die Welt der Träume und einzig die Frage danach, wer den unendlich rauschenden Kassettenrekorder abschalten soll, löst vielleicht unter Geschwistern kleinere Streitereien aus. Der Siegeszug der lautlosen CD-Player hatte noch nicht in jedem Kinderzimmer Einzug gehalten. Ohne es zu wissen, befinden wir uns in einer Zeit, in der die klassische Form des Spielens und das Bild der Kinderzimmer in einem Wandel begriffen sind. Die Armada an Stofftieren und Bauklötzen sollte alsbald von elektronischen Musikspielen und digitalen „Buttongames" abgelöst werden.

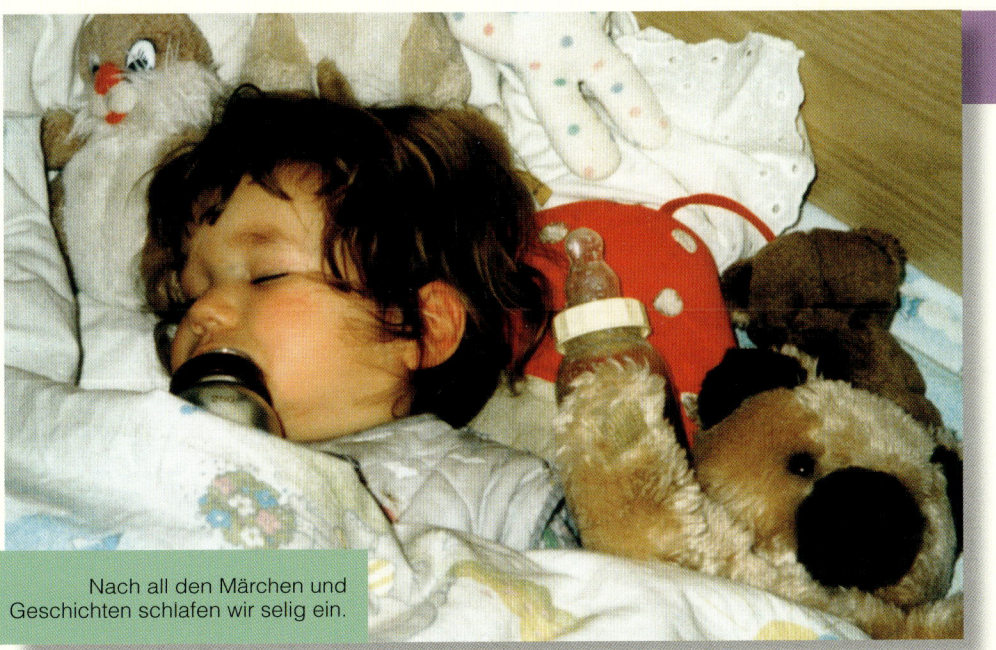

Nach all den Märchen und Geschichten schlafen wir selig ein.

40 Jahre DDR –
das reicht!

Der Weg zum vereinten Deutschland

Im Februar 1989 noch feiert die DDR ihr 40-jähriges Bestehen und im November desselben Jahres fällt die Grenze zwischen beiden deutschen Staaten. Begonnen hat die friedliche Revolution in der DDR im Frühsommer 1989. Das Drängen nach demokratischen Reformen wird immer stärker und die Zahl der Ausreiseanträge steigt rasch an. Ungarn beginnt mit der Öffnung seiner Grenzen nach Österreich, was zu einem Ausreisestrom von Ostdeutschen gen Westen führt. Im Sommer bilden sich oppositionelle Organisationen. Die Bürgerbewegung, die für eine Modernisierung des DDR-Staates eintritt, bekommt massenhaften Zulauf. Vor allem im Zuge der Montagsdemonstrationen in Leipzig protestieren Zehntausende gegen das herrschende Regime. Ihre Parole lautet: „Wir sind das Volk!" Staats- und Parteichef Erich Honecker wird im Oktober 1989 vom eigenen Politbüro zum Rücktritt gezwungen. Die neue Regierung unter Egon Krenz ist in diesen Zeiten des Umbruchs allerdings zu zerstritten und hilflos, um dem anschwellenden Druck entgegenzuwirken. Am 4. November demonstrieren eine Million Menschen auf dem Alexanderplatz in Berlin für Freiheit und Demokratie. Es ist die größte Demonstration in der Geschichte der DDR. Am 7. November tritt das Politbüro der SED geschlossen zurück. Am 9. November 1989 werden Reisen nach Westdeutschland und Westberlin offiziell erlaubt, allerdings nur mit Reisepapieren. In Berlin jedoch sind die Grenzsoldaten dem Ansturm der Ausreisewilligen nicht mehr gewachsen, noch am selben Abend wird die Mauer in der geteilten Stadt geöffnet. Freudentränen fließen, Hupkonzerte ertönen, Ost- und Westberliner liegen sich überglücklich in den Armen.

Die Regierungen der beiden deutschen Staaten und die oppositionellen Organisationen der DDR bereiten bis zum Frühjahr 1990 die ersten freien Wahlen in Ostdeutschland vor, die CDU geht als stärkste Partei daraus hervor. Am 1. Juli 1990 tritt die gemeinsame Wirtschafts-, Währungs- und Sozialunion der Bundesrepublik Deutschland und der DDR in Kraft. Die Deutsche Mark wird gemeinsames Zahlungsmittel und Ostdeutschland in die soziale Marktwirtschaft integriert. Der Einigungsvertrag vom 31. August besiegelt den Beitritt der DDR zur Bundesrepublik zum 3. Oktober 1990. Seither ist der 3. Oktober als „Tag der Deutschen Einheit" Nationalfeiertag.

Deutschland wird eins

Wir sind alle noch sehr jung, doch ein Ereignis in Deutschland erfasst selbst die Kleinsten im Land. Die Deutsche Demokratische Republik steht kurz vor ihrer Loslösung vom großen Bruder Sowjetunion und nun sollen bald die Grenzen zur Bundesrepublik Deutschland offen stehen. Viele von uns haben ältere Geschwister, Eltern oder entfernte Verwandte, welche entweder in der DDR selber oder in der BRD für die Befreiung der DDR-Bevölkerung auf die Straßen gehen. An den berühmten Montagsdemos in Leipzig nehmen wöchentlich über 200 000 Menschen teil. Noch ist jedoch in keiner Weise klar, welche wirtschaftsstrukturellen und politsystematischen Veränderungen das nun geeinte Land bewegen werden.

Wir nehmen diese Veränderung in der Hauptsache durch die riesige mediale Wirkung wahr.

Unsere neuen „Brüder und Schwestern" werden überall mit offenen Armen in Empfang genommen und die Währungsreform sorgt dafür, dass wir nun ganz offiziell im ganzen Land mit derselben Währung zahlen können.

Deutschland freut sich über die Wiedervereinigung, doch für uns gibt es Wichtigeres.

1. bis 3. Lebensjahr

Schöne bunte Kinderzeit

Unsere ersten Freunde waren die Nachbarskinder.

Wir brechen aus

Die ersten Jahre unseres Lebens verbringen wir gut behütet und in engster Nähe zu unseren Eltern, aber vor allen Dingen bei unseren Müttern. Doch bald heißt es Abschied nehmen und ein völlig neuer Umstand wird uns begleiten. Getrennt von unseren Verwandten lernen wir eine Gesellschaft von Unbekannten kennen. Wir müssen uns von nun an mit anderen Kindern auseinandersetzen, mit den Julias und Christians, Katharinas und Sebastians, und die ersten Begegnungen sind häufig kaum an Dramatik und Emotionen zu überbieten. Uns schmeckt absolut

Chronik

11. Februar 1990
27 Jahre der Gefangenschaft gehen für
Nelson Mandela zu Ende.

8. Juli 1990
In Rom feiert die deutsche Fußball-Natio-
nalmannschaft ihren dritten Sieg bei einer
Weltmeisterschaft.

3. Oktober 1990
Deutschland ist nun nicht mehr zweigeteilt.

17. Januar 1991
Unter Führung der USA befreien UN-Trup-
pen Kuwait und zwingen den Irak zum
Abzug.

27. Januar 1991
Der deutsche Tennisprofi Boris Becker
beendet durch seinen Sieg über Ivan Lendl
die Saison als Weltranglistenerster.

8. Oktober 1991
Der dreimonatige Bürgerkrieg in Jugosla-
wien endet mit der Unabhängigkeit von
Slowenien und Kroatien.

4. Februar 1992
Putschversuche und Straßenschlachten
erschüttern Venezuela.

23. Februar 1992
Bei den Olympischen Winterspielen im
französischen Albertville gewinnt das
deutsche Team die meisten Medaillen.

3. März 1992
Bosnien-Herzegowina erringt seine
Unabhängigkeit von Jugoslawien.

24. – 28. Mai 1992
Kasachstan, Slowenien und Armenien
werden Mitglieder der UNESCO.

2. Juli 1992
Die USA ziehen alle taktischen Atomwaffen
aus Europa ab.

25. Juli 1992
Eröffnung der XXV. Olympischen Sommerspiele in Barcelona.

3. November 1992
Die Präsidentschaftswahlen in den USA
enden mit dem Sieg des demokratischen
Kandidaten Bill Clinton.

nicht, dass wir nicht mehr einzig und
allein die Wichtigsten im Raume sind und
das große Durcheinander an wuselnden
Kindern mit ähnlichen Plänen und
Absichten bringt manches Mal ein
gewisses Konfliktpotenzial mit sich. Nach
kleineren Auseinandersetzungen harmlo-
ser Art bilden sich schnell kleine Spiel-
gruppen und fröhliches Gelächter
bestimmt den vormittäglichen Spielalltag.
Jennifer, Sabrina, Sarah oder Anna,
Tobias, Jan, Daniel und Alexander heißen
sie, unsere neuen Freunde. Allerdings ist
das, was wir nun erleben, nur ein Vorgeschmack für das, was folgen wird.

Oftmals im Ringellook.

„Kaiserkrönung" in Deutschland

Die Elf um Rudi Völler, Jürgen Klinsmann, Andreas Brehme und Lothar Matthäus gewinnt am 8. Juli 1990 in Italien die Fußballweltmeisterschaft. Zum dritten Mal hintereinander steht die deutsche Mannschaft im Finale und abermals gegen Argentinien. Nach einem Foulspiel an Rudi Völler verwandelt Andreas Brehme den alles entscheidenden Elfmeter in der 85. Minute zum Endstand von 1:0 für Deutschland. Die deutschen Fans sind in ihrer Euphorie und ihrem Freudentaumel nicht zu bremsen und krönen Trainer Franz Beckenbauer zum „Kaiser".

Von Fabeln und Märchen

Füchse, Raben, Schildkröten und Igel sprechen. Was war das für eine Welt? Die Antwort ist einfach, es war die der ganz Kleinen. Die Zeit im Kindergarten ist geprägt von fantastischen Welten, fröhlichem Umhertollen und einem ausgedehnten Mittagsschlaf. Wir hören den unfassbaren Geschichten unserer Erzieher gebannt zu und zweifeln nur selten an der Glaubhaftigkeit dieser. Die Grimm'schen Märchen sind ein tolles Mittel, um uns Kleinen die große Welt dort draußen zu erklären. Unbewusst entwickeln wir nun einen Sinn für Recht und Unrecht, stellen erstmals Dinge in unserer Umwelt infrage und übertragen spielerisch das gerade Aufgenommene.

   Nachdem wir entweder von unseren älteren Geschwistern oder Eltern in den Kindergarten gebracht wurden, betreten wir noch etwas verschlafen eine Welt, die einfach alles bietet: Von einer Unmenge an Kuscheltieren und einfachen Brettspielen über einen großzügigen Schlafbereich und extra für uns angefertigte Stühle und Tische, die Essensecke. Kaum einer von uns braucht lange, um in Fahrt zu kom-

men, und so wuseln wir fröhlich quer durch die Räumlichkeiten, spielen Fangen und Verstecken und „Räuber und Gendarm". Die Mädchen in der Gruppe finden ihren Spaß eher beim Imitieren einer Prinzessin oder oftmals reicht ein simples Stoffpferd, und ein wildes Galoppspektakel wird in Gang gesetzt.

Ein riesiges Arsenal an Malfarben steht uns zur Verfügung, und so entstehen erste kleine Kunstwerke, ob wir dabei unsere Kleidung nach allen Regeln der Kunst beschmieren und beflecken, soll Ärgernis der Eltern sein. Wild fliegen Plastikbuchstaben umher und somit sind kleinere Blessuren Alltag im Kindergarten. Schnell jedoch sind Streitereien vergessen und wir liegen gemeinsam eng aneinandergekuschelt auf unserer großen Schlafwiese.

Erstaunlicherweise fallen wir alle schwer wie Steine in die weichen Federn und schlafen die obligatorische Stunde zumeist gänzlich durch. Szenen, wie sie sich auf der „Bounty" abspielten, waren selten, haben wir uns doch schlicht müde getollt. Für uns beginnt nach dem Mittagsschlaf der „kulturelle" Teil des Tages.

Lieder werden angestimmt und es wird sogar schon im Kanon gesungen. Man soll ja erprobt sein für die vielen festlichen Anlässe, die sich so im Laufe eines Kindergartenjahres ergeben.

Im Kindergarten gab es jede Menge Brettspiele.

Das Ende der Apartheid in Südafrika

Die Apartheid in Südafrika endet 1990. Rassentrennung, die Unterdrückung der schwarzen Bevölkerung und eine Willkürherrschaft der weißen Politiker als Folge der Kolonialzeit sind Ausdruck der Apartheid. Die Schwarzen müssen in Ghettos wohnen und treffen auf zahlreiche Demütigungen im alltäglichen Leben, auch bei der Suche nach Arbeit und vor der Justiz. Die Unterdrückung führt unweigerlich zum Widerstand durch die Schwarzen. Freiheitskämpfer und führendes Mitglied des African National Congress ANC Nelson Mandela wird 1964 zu lebenslanger Haft verurteilt. In den 1980er-Jahren erreichen die Kämpfe zwischen Schwarzen und Weißen ihren Höhepunkt. Das Regime der Weißen verhängt den Ausnahmezustand und antwortet mit brutaler Gewalt. Es folgt die internationale Isolierung Südafrikas, der Druck von internationaler Seite wächst und die Forderungen nach der Freilassung Mandelas werden immer lauter.

1989 wird Frederik Willem de Klerk neuer Staatschef der Republik Südafrika. Er veranlasst weitreichende Reformen zur Entschärfung der Spannungen im Land. Verhandlungen mit Nelson Mandela und anderen gefangenen Freiheitskämpfern werden infolgedessen geführt, sie werden freigelassen und man erklärt den Ausnahmezustand im Land für beendet. Der ANC und weitere verbotene Parteien werden zugelassen, die Apartheid-Gesetze sukzessive abgebaut. De Klerk und Mandela erhalten 1993 gemeinsam den Friedensnobelpreis. 1994 finden in Südafrika erstmals freie Wahlen statt, aus denen der ANC mit 62,7 Prozent der Stimmen als eindeutiger Sieger hervorgeht. Erster Präsident von Südafrika nach der Apartheid wird mit überwältigender Zustimmung aus der Bevölkerung Nelson Mandela. Ein Jahrhundert der Unterdrückung geht zu Ende und das letzte Erbe der Kolonialzeit ist abgeschafft.

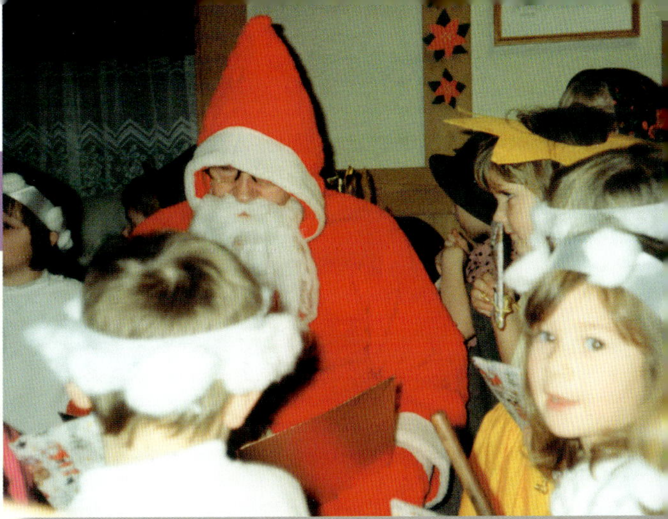

Auch in den Kindergarten kam der Weihnachtsmann.

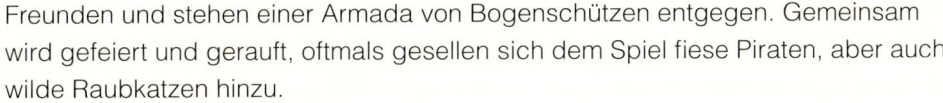

Die Kleinen feiern zusammen

Das wohl schönste Ereignis für viele ist der Fasching. „Smith & Wesson"-Pistolen werden plötzlich zu deinen besten Freunden und stehen einer Armada von Bogenschützen entgegen. Gemeinsam wird gefeiert und gerauft, oftmals gesellen sich dem Spiel fiese Piraten, aber auch wilde Raubkatzen hinzu.

Zu Ostern sind wir alle als lustige Hasen verkleidet und bieten den stolzen Eltern eine „große Show". Kleinere Patzer in unseren Darstellungen werden augenzwinkernd wahrgenommen, sind jedoch für unsere kleinen, aber eitlen „Stars" eine große Tragödie. Nachdem die letzte dicke Träne geflossen ist, sitzen wir alle gemeinsam, Eltern, Geschwister und Freunde an bunt geschmückten Tischen und haben uns ja so viel zu erzählen. Spätere Berufswünsche werden geäußert und man weiß schon ganz genau, wie viele Haustiere man haben wird oder wo man leben möchte. Diese Feste sind eine beliebte Abwechslung vom Kindergartenalltag und dementsprechend groß ist die Freude auch auf die kalte, späte Jahreszeit. Was gibt es nicht alles zu feiern: Nikolaus und Weihnachten sind noch Tage, auf

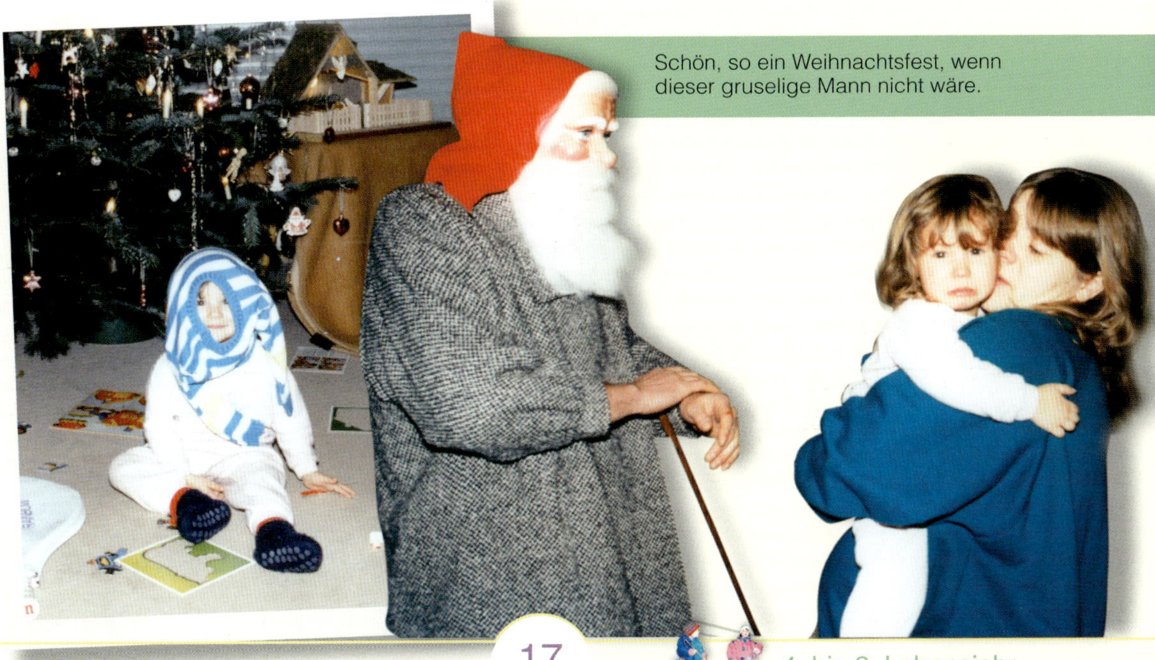

Schön, so ein Weihnachtsfest, wenn dieser gruselige Mann nicht wäre.

So viele Eier haben wir gefunden.

Laternenumzüge waren der Klassiker im Kindergarten.

die man wochenlang ungeduldig wartet, gespannt, ob man diesmal einen Blick auf das sagenumwobene Christkind werfen könne und was uns der dickbäuchige Weihnachtsmann unter den Baum legen würde. Wir backen fleißig Plätzchen und ärgern uns später über selbst verschuldete Bauchschmerzen. Hätte man doch auf die Erwachsenen gehört.

Sensationsfund in den Alpen

In einem Schmelzwassersee des Simi-laun-Gletschers in den österreichischen Ötztaler Alpen entdecken Bergsteiger im September 1991 in 3200 Meter Höhe eine mumifizierte männliche Leiche aus der Jungsteinzeit (5000 – 1500 v. Chr.). Haut, Muskeln und innere Organe sind gut erhalten. Der 1,60 Meter große, kräftig gebaute „Ötzi", wie ihn die Medien taufen, wird ins Gerichtsmedizinische Institut der Universität Innsbruck gebracht, um ihn vor dem bereits einsetzenden Pilzbefall zu schützen. Die Analysen der Wissenschaft-ler ergeben, dass es sich bei dem Toten um einen 25- bis 40-jährigen Mann handelt, der vor rund 5300 Jahren vermutlich bei einem Jagdausflug gestorben ist. Der verunglückte Jäger ist an einigen Körperteilen tätowiert, er trägt mit Heu gefütterte Lederkleidung sowie einen Bogen aus Eibenholz und 14 Pfeile. Bei der Leiche finden sich außerdem Nähzeug, ein Messer mit Steinklingen, Schmuck, Feuersteine und ein Bronzebeil. Aus der Analyse seines Mageninhaltes erhalten die Archäologen wichtige Hinweise auf das Alltagsleben in der Bronzezeit.

Durchs Gebüsch toben und an Bäumen hangeln war für uns Abenteuer pur.

Jetzt aber flott

Diese ersten Jahre unseres Lebens sind geprägt von Unschuld und frei von großen Sorgen, für viele ist es die schönste Zeit ihres Lebens. Ohne dass wir es wissen, erleben wir den ersten Austausch von Kulturen, Religionen und Geschlechtern mit. Im Kindergarten freundet man sich mit jedem an: wo er oder sie herkommt und in welchem Umfeld sie leben, ist uns egal!

Was der kann, können wir schon lange.

Einer passt noch drauf, auf die Schiffschaukel.

1, 2, 3 und los! Wenn es die äußeren Umstände erlauben, sind wir ja doch am liebsten draußen an der frischen Luft. Wir haben einen kaum zu bändigenden Drang nach Bewegung und fordern unsere kurzen Beinchen kräftig heraus. Ob Wettrennen, Klettern, Ballspiel oder der Bau einer Burg im kindergarteneigenen Sandkasten, wir bestimmen hier das Tempo, und nicht umsonst sind Figuren wie der „Roadrunner" oder „Speedy Gonzales" unsere großen Vorbilder. Selbst im zarten Alter von fünf Jahren bewegen wir uns bereits in nur halblegalen Zonen und es ist ja fast ein Wunder, dass unsere Objekte der Begierde den Frühling und Sommer überstehen. Gigantisch erscheinen sie uns und üben eine magische Kraft auf uns aus. Bewohnt von seltsamen Tierchen und höher als es der Kindergarten erlaubt: die Bäume. Schürfwunden und Prellungen, gar gestauchte Knöchel und schnaufende Erzieherinnen können uns nicht aufhalten – einmal oben angekommen, sind wir die Könige der Baumwipfel, hier kann uns keiner etwas und diese luftigen Höhen bieten uns einen ersten Vorgeschmack auf die Welt hinter dem Zaun.

Wenn kein Schwimmbad in der Nähe war, schufen wir uns eins – mit Sprungturm.

Krieg auf dem Balkan

1991 zerbricht die Sozialistische Republik Jugoslawien. Der ehemalige Führer Slobodan Milosevic flieht und wird nun als internationaler Kriegsverbrecher gesucht. Der Untergang der Sowjetunion und die unaufhaltsamen Demokratisierungsprozesse in Osteuropa haben die separatistischen Bewegungen gestärkt und vorangebracht. Die einzelnen kulturellen und religiösen Bevölkerungsminderheiten in Jugoslawien streben nach Souveränität, während Staatspräsident Milosevic den Staat unter serbischer Vorherrschaft um jeden Preis zusammenhalten will. Dies führt zu militärischen Auseinandersetzungen der Serben mit Kroaten, Slowenen, Bosniaken und Kosovoalbanern. Am 25. Juni 1991 erklären Kroatien und Slowenien ihren Austritt aus dem jugoslawischen Staatenbund und somit ihre Unabhängigkeit von der serbischen Führung. Die jugoslawische Volksarmee leitet gewaltsame Schritte ein, ein Bürgerkrieg bricht aus. Der Krieg in Slowenien dauert offiziell nur zehn Tage, da das Gebiet ethnisch weniger spannungsgeladen ist als Kroatien und Bosnien. Dort versuchen die jugoslawische Armee sowie serbische Widerstandskämpfer den von einer serbischen Minderheit bevölkerten Teil Kroatiens abzuspalten und für sich in Anspruch zu nehmen. Die Kroaten beantworten diese Maßnahmen mit Vertreibungen der serbischen Zivilbevölkerung. Die Vereinten Nationen erreichen einen Waffenstillstand und bringen den Konflikt 1992 vorübergehend zum Stillstand, überwacht von UNO-Friedenstruppen. Jedoch im selben Jahr brechen in Bosnien-Herzegowina kriegerische Auseinandersetzungen zwischen bosnischen Serben auf der einen, bosnischen Kroaten und bosnischen Muslimen, den sogenannten Bosniaken, auf der anderen Seite aus. Ebenso in Bosnien wollen die Serben eine Minderheitsregion abspalten und annektieren. Infolge der unübersichtlichen unruhigen Lage bekämpfen sich ein Jahr darauf auch Bosniaken und Kroaten.

Flucht und Vertreibungen, Kriegsverbrechen und Verbrechen gegen die Menschlichkeit sind im ehemaligen Jugoslawien an der Tagesordnung. 1994 erreicht das „Abkommen von Washington", dass der Krieg zwischen Bosniaken und Kroaten beendet wird, doch erst seit dem „Dayton-Vertrag" von 1995 herrscht wieder friedensähnlicher Zustand zwischen Serben, Kroaten und Bosniaken. Ende 1994 nimmt der Internationale Strafgerichtshof für das ehemalige Jugoslawien seine Tätigkeit auf. Sein Zuständigkeitsbereich beschäftigt sich u. a. mit Verbrechen gegen die Menschlichkeit. Zu den Beschuldigten zählt auch Jugoslawiens Ex-Staatschef Slobodan Milosevic. Er verstarb jedoch während des vierjährigen Prozesses (2002 bis 2006), bevor ein Urteil verkündet wurde.

Können wir nicht auch ein Kätzchen haben?

Auch wir tragen Verantwortung

Auch wenn der Vormittag noch von der älteren Generation dirigiert und geleitet wird, so tragen wir in unseren vier Wänden allmählich Verantwortung für uns selbst und eventuell auch für unsere vierbeinigen Mitbewohner. Mitte der neunziger Jahre bewohnen Hunde, Katzen oder Vögel nahezu 50 % der deutschen Haushalte. Zu den beliebtesten Hunderassen des Jahres 1992 in Europa gehörten der Deutsche Schäfer-hund, der Französische Pyrenäenhund „Briard" und der „Golden Retriever". Wir lernen einen respektvollen Umgang mit unseren tierischen Freunden und oftmals wachsen daraus Freundschaften, die ein ganzes Hundeleben halten. Wir lernen erstmals, was ein würdevoller Umgang mit Lebewesen jeder Art als Grundlage für ein funktionierendes Zusammenleben bedeutet. Auch wachsen wir allmählich aus einem Alter heraus, in dem uns jeder Wunsch von den Lippen abgelesen wird. Wir lernen Tischmanieren, das bedeutet für uns den situationsgerechten Umgang mit Messer, Löffel und Gabel, aber auch die Tatsache, dass zu Tische ein bestimmter Ton erforderlich ist. Von nun an beherrschen wir ebenso „Bitte" wie „Danke". Bestimmte Fähigkeiten verpflichten zugleich, und somit wird für manch ein Kind der fröhliche, behände Umgang mit Stift und Kreide einen bitteren Beigeschmack bekommen.

Unser bester Freund.

Abc-Schützen
im Visier

Hipp, hipp, hurra!

Einer von uns hat es wieder geschafft. Ein Jahr älter ... für uns bedeutet das Spaß, Gesellschaft und ein Haufen toller Geschenke. Mit der Vorbereitung und der damit verbundenen Arbeit haben wir nichts am Hut und so mancher Elternteil ist heilfroh, wenn die ganze „Sache" vorüber ist. Nichtsdestotrotz gehören auch unsere Eltern und jene der Freunde auf die Gästeliste. So können sich die Erwachsenen über uns ausschimpfen und wir können uns der riesigen Auswahl an lustigen Gesellschaftsspielen widmen. Von Topfschlagen über Blindekuh bis hin zu Sackhüpfen, die Liste der Spiele ist genauso lang wie unsere Ausdauer groß.

Meist haben unsere Mütter eine erstaunliche Anzahl an Snacks und Kuchen gezaubert, und wenn wir dann schon etwas gesättigter sind, kann das Geburtstagskind die berühmten Kerzen auf der Torte ausblasen. Manchmal erlauben sich

Chronik

1. Januar 1993
Europas Gesicht wird neu geprägt: Die Tschechoslowakei wird getrennt.

10. Januar 1993
Die Schwimmerin Franziska van Almsick stellt in China drei Weltrekorde auf.

6. Mai 1994
Eröffnung des Tunnels unter dem Ärmelkanal zwischen Frankreich und England.

15. April 1994
Gründung der Welthandelsorganisation WTO (World Trade Organization) mit Sitz in Genf.

9. Mai 1994
Mandela wird Präsident der Republik Südafrika.

18. Juli 1994
Ende des Bürgerkrieges in Ruanda mit mehr als 500 000 Toten und 1,7 Millionen Flüchtlingen.

10. November 1994
Irak erkennt die Grenzen Kuwaits an.

13. November 1994
Als erster Deutscher wird Michael Schumacher Automobil-Weltmeister der Formel 1.

10. Juli 1995
Der Hausarrest für Friedensnobelpreisträgerin San Sun Kyi in Myanmar endet.

14. Dezember 1995
Das Friedensabkommen zwischen Serbien, Kroatien und Bosnien-Herzegowina wird unterzeichnet.

6. Juli 1996
Steffi Graf gewinnt zum siebten Mal das Tennis-Turnier von Wimbledon.

19. Juli 1996
Eröffnung der XXVI. Olympischen Sommerspiele in Atlanta/USA. Erfolgreichste Nationen werden die USA, Russland und Deutschland.

27. September 1996
In der afghanischen Hauptstadt Kabul entsteht eine radikal-islamische Regierung.

dann auch die Erwachsenen einen Spaß und präparieren die Torte mit Kerzen, welche selbst der stärkste Wind nicht zu löschen vermag.

Wenn dann doch das „Problem" mit den Kerzen gelöst ist, werden die Geschenke ausgeteilt und es wird sich ausgiebig darüber gefreut. Wenn es das Wetter zulässt, dann wird im Garten zu früher Abendstunde gegrillt, gesungen und umhergetobt. Denn an solch wichtigen Tagen unseres Lebens geht es nicht früh ins Bett, nein, wir bleiben auf, bis der letzte Gast das Haus verlassen hat. Und wieder steht den Eltern die Arbeit bevor, denn wenn wir uns schließlich in unsere „Höhlen" zurückgezogen haben, wird das Ausmaß an Verwüstung erst sichtbar. Und wieder haben wir einen weiteren „schönsten Tag im Leben" erlebt.

Geburtstag, das Fest der Feste.

Der erste Schultag

Der erste Schultag ist ein ganz großes Ereignis. Mit unserer Schultüte bewaffnet stürzen wir Abc-Schützen uns ins Getümmel. Die Schultüte haben wir meistens schon im Kindergarten selbst gebastelt. Den großen, bunten Kartonkegel bekleben wir dann mit selbst ausgeschnittenen Formen aus Glanzpapier, z. B. Zahlen, Buchstaben und Tieren. Dazu kommen klebriger Glitzerstaub und Schmetterlinge aus Krepppapier, zur Krönung ein bonbonartiger Verschluss mit Riesenschleife. Diese schöne, große, mit Spielzeug, Schreibwaren und Süßigkeiten gefüllte Schultüte halten wir nun in den Armen, den Scout geschultert und dabei rausgeputzt wie ein Prinz bzw. eine Prinzessin, stolz wie ein Gockel. Scout ist die Marke unseres ersten Schulranzens, ein Bauklotz von Rucksack mit Ecken und Kanten und Leuchtreflektoren, damit uns die Autofahrer in aller Frühe auch sehen. Den Panzer des Scouts zieren bunte, lustige Motive wie Bärchen, Autos oder Schmetterlinge.

Schule ist toll!

Schule ist unser Elixier, das unseren Wissensdurst stillt, der Ort, wo wir Freunde finden, Prügeleien austragen und mehr oder weniger lernen, uns in ein soziales Gefüge einzufinden. Im Deutschunterricht müssen wir zuallererst die Buchstaben lernen. Also malen wir die Buchstaben schön leserlich, Zeile für Zeile, in unser Buchstabenheft, denken uns Wörter aus, die mit den einzelnen Buchstaben beginnen, versuchen diese zu schreiben und zum Schluss malen wir Bilder dazu. Heftverzierung und Schönschrift sind zu Grundschulzeiten noch Tugenden. Wir

Schule ist toll, aber Freizeit ist toller.

geben uns ganz viel Mühe und malen mitunter aufwendige Comics und farben-
frohe Landschaften unter die Nachschriften, Diktate und Aufsätze, um einen Sticker
oder Stempel und ein „Sehr schön!" der Lehrerin zu ergattern. Nachschriften sind
Diktate von Texten, die wir jeden Nachmittag mit unseren Eltern üben. Falsch
geschriebene Wörter müssen wir eine Zeile lang noch mal schreiben. Die Aufsatz-
themen der Grundschuljahre sind Fantasieerzählungen und Erlebnisaufsätze, z. B.
„Meine Sommerferien" und „Der Ring der Prinzessin".

Im Mathematikunterricht sind zuerst die Zahlen dran. Wir müssen dann in einer
Abbildung vieler Birnen z. B. genau zwei, vier oder sieben Birnen einkreisen. Solch

Die Begeisterung spricht ihnen nicht gerade aus den Augen.

leichte Übung weicht jedoch schon bald der Welt der großen Zahlen, dem Plus-, Minus-, Mal- und Geteilt-Rechnen. Bald schon zählen wir so schnell wir können bis einhundert, uns dabei verhäspelnd, stolpernd und Zungen brechend, schier atemlos, und so mancher Nachhauseweg wird dem großen Ziel der Tausend, Zehntausend und Millionen geopfert. Der Heimat- und Sachkundeunterricht interessiert uns sehr. Dort lernen wir allerlei Wissenswertes über Tiere, die Natur, Physik und Chemie und ein bisschen lokale Geschichte. Diese Dinge sind so praxisnah und erlebbar, dabei auch lehrreich und wichtig, z. B. der Fahrradkurs. In einigen Wochen lernen wir die wichtigsten Verkehrsregeln und in einem im Pausenhof aufgestellten Parcours das Fahren und Verhalten im Straßenverkehr. Diesen Abschnitt krönt die große Fahrradprüfung mit Helm, Laushaube, elektrischer Ampel und simuliertem Verkehr. Wer dabei gut abschneidet, erhält zur Ehrung einen Wimpel, jeder mindestens aber einen Aufkleber, den wir uns sogleich aufs Fahrrad kleben. Ehrungen, Bestätigung, Abschlüsse und Zeugnisse sind uns nicht unwichtig in dieser Zeit. Sie bauen das Selbstbewusstsein auf, zeigen „Ich kann etwas!" und bedeuten einen erfolgreichen Abschluss. So versuchen wir als Grundschüler auch noch alle, gute Noten zu kriegen.

„Jurassic Park" bricht alle Rekorde

Steven Spielbergs atemberaubender Film „Jurassic Park" löst weltweit einen beispiellosen Publikumsandrang aus und wird innerhalb kurzer Zeit zum erfolgreichsten Streifen der Kinogeschichte. Im September 1993 läuft die Story um wild gewordene Urzeitechsen auch in Deutschland an. In den USA spielt „Jurassic Park" in der ersten Woche nach der Premiere umgerechnet über sechzig Millionen Euro ein. Schon mit Filmen wie „Der weiße Hai" (1974), „E.T." (1982) und der Abenteuerfilmreihe „Indiana Jones" (1979 – 1989) hat der amerikanische Regisseur und Produzent Spielberg für Kassenschlager gesorgt. Sein ergreifender Film „Schindlers Liste", der die wahre

Geschichte der Rettung von mehr als tausend Juden vor den Hinrichtungskommandos der SS durch den deutschen Fabrikanten Oskar Schindler erzählt, wird 1994 mit sieben Oscars ausgezeichnet.

Schulfeste zum Abschluss

Doch nicht nur Noten fallen unter die Kategorie Erfolge sondern auch die großen Abschlusskonzerte, -theaterstücke und -sommerfeste am Ende des Schuljahres. Bei dem Klassenschauspiel sind wir oft ganz aufgeregt, schließlich schauen unsere Eltern zu. So spielen wir stolz eine Maus oder eine Leseratte, vergessen unseren Text und springen aufgeregt auf der Bühne rum. Am Ende verbeugen wir uns ganz unbeholfen und hastig vor der jubelnden Menge. Das Sommerfest gegen Ende des Schuljahres stellt noch mal einen Höhepunkt des Jahres dar. Dort stellen meist größere Schüler Wurfbuden, Waffelstände und Geschicklichkeitsparcours auf, wo wir uns Stempel verdienen können. Mit dieser „Währung" erstehen wir dann Trank und Speis zum leiblichen Wohl. Bei anderen Spielen müssen wir ein Loch in der Torwand treffen, Kies, Holzspäne und Watte mit unseren Füßen ertasten und Apfel, Vanille oder Zimt erriechen. Ein Fest für die Sinne! Bei den Abschlusskonzerten

Das Schulfest lässt sich keiner entgehen.

sind wir genauso aufgeregt wie beim Schauspiel, jedoch fühlen wir uns in der Gemeinschaft des Chors wohler und so trällern wir noch ein letztes Mal „Morgen Kinder wird's was geben" oder „Die blauen Berge", bis es in die großen Ferien geht.

Eröffnung des Eurotunnels

Der 50,5 Kilometer lange Eurotunnel unter dem Ärmelkanal zwischen Calais in Frankreich und Folkestone in England gehört zu den kühnsten Bauwerken des 20. Jahrhunderts. Er wird am 6. Mai 1994 von der britischen Königin Elisabeth II. und dem französischen Staatspräsidenten François Mitterrand eröffnet. Ein 1977 gebauter königlicher Rolls-Royce Phantom IV bringt als offiziell erstes Fahrzeug die beiden Staatsoberhäupter an Bord des Autotransporters „Le Shuttle" unter dem Meer von Frankreich nach England. Der Bau eines Kanaltunnels ist zum ersten Mal schon 1751 erwogen worden. Aber erst 1986 vereinbaren die Regierungen in Paris und London schließlich das Vorhaben. Während der siebenjährigen Bauzeit steigen die Kosten um das Doppelte der zunächst angesetzten Summe auf über 13 Milliarden Euro.

Queen Elisabeth II. und der französische Staatspräsident Mitterrand bei der Eröffnung des Eurotunnels.

Die großen Ferien

Die großen Ferien sind Krönung,
Abschluss und Belohnung eines
Jahres, das für uns im Herbst mit dem
Schulanfang beginnt und im Hochsommer endet. In den Ferien fahren wir
meistens mit der ganzen Familie weg,
oder sie schicken uns zu organisierten
Jugend- und Kinderferien, z. B. ins
Zeltlager oder auf eine Cowboyranch.
Dort übernachten wir abenteuerlich in
Zelten, lauschen an Lagerfeueraben-
den den Gruselgeschichten der Großen
und reiten durch die Prärie. Diese Kinderferien sind nicht nur für unsere Eltern eine
wohltuende Abwechslung, schließlich haben sie mal Zeit für sich, auch wir erfreuen
uns an der Natur und lernen dabei eine Menge. Wir lernen, Verantwortung zu
übernehmen, sei es für unser Pferd, das wir bürsten, satteln, säubern und strei-

cheln, oder für unser Emaillegeschirr
und unseren Schlafplatz mitsamt
Schlafsack und Isomatte, und das
ganz ohne unsere Eltern. Bei der
Nachtwanderung erschrecken wir uns
gegenseitig und bestaunen, am Gipfel
angekommen, den klaren, von tausend, hunderttausend, Millionen
Sternen übersäten Nachthimmel,
erkennen den Großen Wagen, den
Kleinen Bären, den Polarstern und
andere Sternenbilder. Und tief im
Innern denken wir an unsere Eltern,

… Safari, …

... oder Wander- und Klettertouren.

die wir doch ein bisschen vermissen, ihre Wärme, ihre Fürsorge, ihre Ermahnungen und Ratschläge und damit verbunden den Komfort, den wir bei ihnen genießen.

So ist ein Urlaub mit Eltern auch nicht verkehrt, und der gestaltet sich, wie kann es heutzutage anders sein, vielseitig. Ob Ostsee oder Mittelmeer, Italien oder Tunesien, Barcelona oder Paris, unsere Generation verschlägt es schon früh an weit entfernte Orte. Entweder mit dem Campingbus, mit dem Zug, mit dem Schiff oder dem Flugzeug begeben wir uns auf Reisen. Ob Hotel, Zeltplatz oder Ferienhaus, wir genießen den Urlaub, wobei wir Kinder einen Strand- und Natururlaub der Stadt vorziehen, schließlich können wir Mona Lisa und dem Kolosseum noch nicht viel abgewinnen. Das erste Mal Fliegen ist ein unbeschreibliches Ereignis. Wir sind aufgeregt, haben vielleicht auch Angst, später übergeben sich manche sogar, weil die Kurven zu kurvig, die Landung zu stürmisch, die Höhen zu hoch oder die Aufregung zu groß war. Wir Kleinen dürfen manchmal sogar die Piloten im Cockpit besuchen und staunen über die komplizierten Schaltflächen und vielen Knöpfe, die der Kapitän da zu bedienen hat. Über die Flugzeugnase hinweg können wir die Landschaft sehen, staunen über die Zugspitze, den Eiffelturm und Disneyland, die von hier oben so klein aussehen.

Im Winter liebten wir auch Skiurlaube.

7. bis 10. Lebensjahr

Wir liebten große Volksfeste …

Disneyland und Freizeitparks

Disneyland ist ein großer Kinderwunschtraum, ein Traum- und Schlaraffenland für die Kleinen, und so verschlägt es auch manche unserer Generation in dieses Paradies. Dabei durchlaufen wir mit riesengroßen, aus dem Staunen nicht mehr rauskommenden Augen die unterschiedlichen Areale des Disneylands. In der Cowboywelt halten wir Cowboymickys Arm und im Weltraumland klopfen wir an Goofys Astronautenbirne, ergattern ein Autogramm von A- und B-Hörnchen und schütteln Minnies und Daisys Hände, dabei stets vor der Linse der Fotoapparate unserer Eltern. Wir fühlen uns in diesen Welten wohl, erkennen den unsäglichen Kitsch hinter dieser Plastikfassade nicht, sondern nehmen all das ernst, als versetzte man uns in die Cowboyzeit des Wilden Westens oder auf den Mars zu Micky und Donald, die es wirklich gibt! Wir fahren wilde Achterbahnen und auf putzigen, bunten Riesenrädern, besuchen Zauberershows und die große Disneyparade vor dem Märchenschloss, ein Defilee aller Disneyfiguren in unterschiedlichen Aufzügen. Doch ahnen wir, dass hinter diesen Anzügen „nur" Menschen stecken? Nein, eigentlich nicht, denn wir haben Fantasie! Disneyland – die reale Welt unserer Fantasie.

Doch je älter wir werden, desto mehr von dieser Fantasie scheinen wir leider zu verlieren. Später können uns nur noch Freizeitparks wie der „Universal Entertainment Park" locken, die mit riesigen Achterbahnen und wilden Wildwasserfahrten daherkommen. Hier stolzieren nicht mehr bunte, lustige Fantasiefiguren umher, dennoch haben wir unseren Spaß. In den Loopings und Überschlägen, Senkrechtstürzen und Serpentinen schreien wir uns die Kehlen aus dem Leib. Wir lieben das Risiko, seien es halsbrecherische Achterbahnfahrten oder mörderische Kletterpartien, unserem Körper scheinen wir noch nicht so viel Umsicht und Vorsicht zu schenken, wie das die Erwachsenen tun. Unsere gelenkigen, unzerstör-

... und riesige Freizeitparks.

baren Gummikörper bleiben auch nach jedem Fahrradüberschlag heil oder genesen in Windeseile. Stolpern, hinfallen, aufstehen, weiterspielen. Das ist die Devise der Grundschulzeit, nichts kann uns unterkriegen. Wir strotzen vor Energie, wollen hoch hinaus, die höchsten Bäume erklimmen, die steilsten Hügel ersteigen, Häuserdächer erkunden, am schnellsten laufen, mit dem Rad „downhill", das heißt gefährlich schnell bergab fahren. Wir machen Überschläge, springen Saltos, schlagen Räder und biegen unsere Körper zu Brücken, um dann, gelenkig wie wir sind, rückwärtig umzuschlagen, ähnlich einem Flickflack. Wir sind unberechenbar!

Christo verhüllt den Reichstag

Mehr als fünf Millionen Menschen bestaunen 1995 den vom Ehepaar Christo in ein Kunstwerk verwandelten Reichstag in Berlin. Die bulgarisch-US-amerikanischen Künstler Christo und Jeanne-Claude Javacheff verbergen das Bauwerk unter einer silbrig glänzenden Hülle aus Stoff. Kritiker bescheinigen dem Werk, das auch Laien begeistert, eine überwältigende Ausstrahlung. Die Idee Christos, die allen seinen Arbeiten zugrunde liegt, nämlich Formen und Inhalte durch ihre Verhüllung erlebbar werden zu lassen und mit solchen vergänglichen Kunstwerken beim Betrachter ein Gefühl für die eigene Endlichkeit zu wecken, überzeugt angesichts des verhüllten Parlamentsgebäudes auch Skeptiker. Die Hülle besteht aus 100 000 Quadratmetern wiederverwendbarem Polypropylengewebe, dessen Stoffbahnen mit 1300 Kilometern Garn zusammengenäht sind. Zur Befestigung werden 15,6 Kilometer blaues Polypropylenseil mit 3,2 Zentimeter Durchmesser verwendet. Die Kosten der Aktion belaufen sich auf 7,5 Millionen Euro.

Die BRAVO-Jahre

Das erste Mal

Der Frühling ist unsere Lieblingsjahreszeit. Wir tollen im noch feuchten Gras, rollen nach Heu riechende Abhänge runter und pflücken Blumen, die Sonne scheint und wir atmen die frische, kalte, nasse Frühjahrsluft ein, voller Natur, voller Auftrieb, Sehnsüchten, den Ersprießlichkeiten des neuen Jahres, seiner Hoffnungen und Wünsche, kurzum: Wir sind verliebt! Das erste Mal, welch trauriges, tragisches, herzerwärmendes, rührendes erstes Mal verliebt. Die bzw. der Angebetete sitzt nur wenige Reihen von uns entfernt, in der Hauptschule, Realschule oder dem Gymnasium, das wir neuerdings besuchen. Das Herzblatt zwinkert uns zuweilen zu, glauben wir bzw. hoffen es, und so tun wir alles, um die Aufmerksamkeit des Schwarms zu erlangen, kleiden uns schick und modisch – Jungs vorzugsweise in schlabberigen Baggyhosen, ebenso schlabbernden Boxershorts und Riesenshirts, die Mäd-

Chronik

chen in knappen Hüft- und Schlaghosen
– machen uns hübsch, greifen dazu
mitunter auch in den Farb- bzw. Geltopf,
greifen zu Schminke und Tusche. Und
was würden wir nicht gegen diese
ganzen, schrecklichen, grausam rot, riesig
sprießenden Pickel tun, diese Vulkane
unserer pubertären Haut, nebst kleinen,
schwarzen, noch viel fieseren Mitessern.
Wir hassen sie und unternehmen alles
gegen sie, sei es nun mit Hilfe „Clerasils"
oder von Heilerde, des Hautarztes, von
Kosmetikern und Heilpraktikern oder
brutaleren Methoden, wie sterilen Nadeln
oder dem „Ausdrücken".

Das Gesicht zu rot, zu blass, zu
unförmig, der Bauch zu dick, zu dünn,
der Körper zu breit, zu dürr, die Arme zu
lang, zu fahrig, die Finger zu kurz, zu
krumm, zu knochig – es gibt so einiges,
was wir im Klassenvergleich an uns
auszusetzen haben, so einiges was uns
in Hinblick auf unsere erste große Liebe
an uns stört, uns verstört, schüchtern
sein lässt und verstimmt. So dauert es
erst noch ein bisschen, bis wir vielleicht,
möglicherweise, oder auch nicht, den
Schwarm anzusprechen versuchen.

Der Sommer ist unsere Lieblingsjahreszeit. Die goldenen Ähren streifend, im
Korn tollend und wälzend, brutzeln wir
unter der heißen Sonne oder genießen
den leichten, kühlenden, berauschenden
Sommerregen und den Duft in den
Straßen danach. Wir sind noch immer
verliebt, doch mittlerweile haben wir den
ersten Schritt in Richtung Angebetete
oder Angebetetem getan, er war groß

11. bis 14. Lebensjahr

und doch so klein und schlicht: „Willst du … ähm, mit mir gehen?" Und dann noch als Zusatz: „Vielleicht ins Kino oder so, oder gehen halt, oder … ja, ähm, wie schaut's aus?" Und das Herzblatt hat zugesagt. An einem Nachmittag im Freibad necken wir uns, bespritzen uns gegenseitig mit Wasser, tauchen den anderen unter oder imponieren einander, indem wir Salti von Sprungtürmen schlagen, oder mit fetten, krachenden „Arschbomben" das Schwimmbad überschwemmen. Wir jagen uns in Tunnelrutschen und auf dem Volleyballfeld über den Platz. Es ist schön, romantisch, doch irgendwas fehlt. Natürlich der Kuss, der erste, unbeholfene, schleimige Kuss. Doch bevor es dazu kommt, fährt unser Morgenstern in den Urlaub, mit Eltern und Geschwistern, und, welch Herzschmerz, ohne uns. Unsere Eltern haben eine Fernreise gebucht, nach Tunesien oder Thailand, doch das kann unsere Stimmung auch nicht aufhellen.

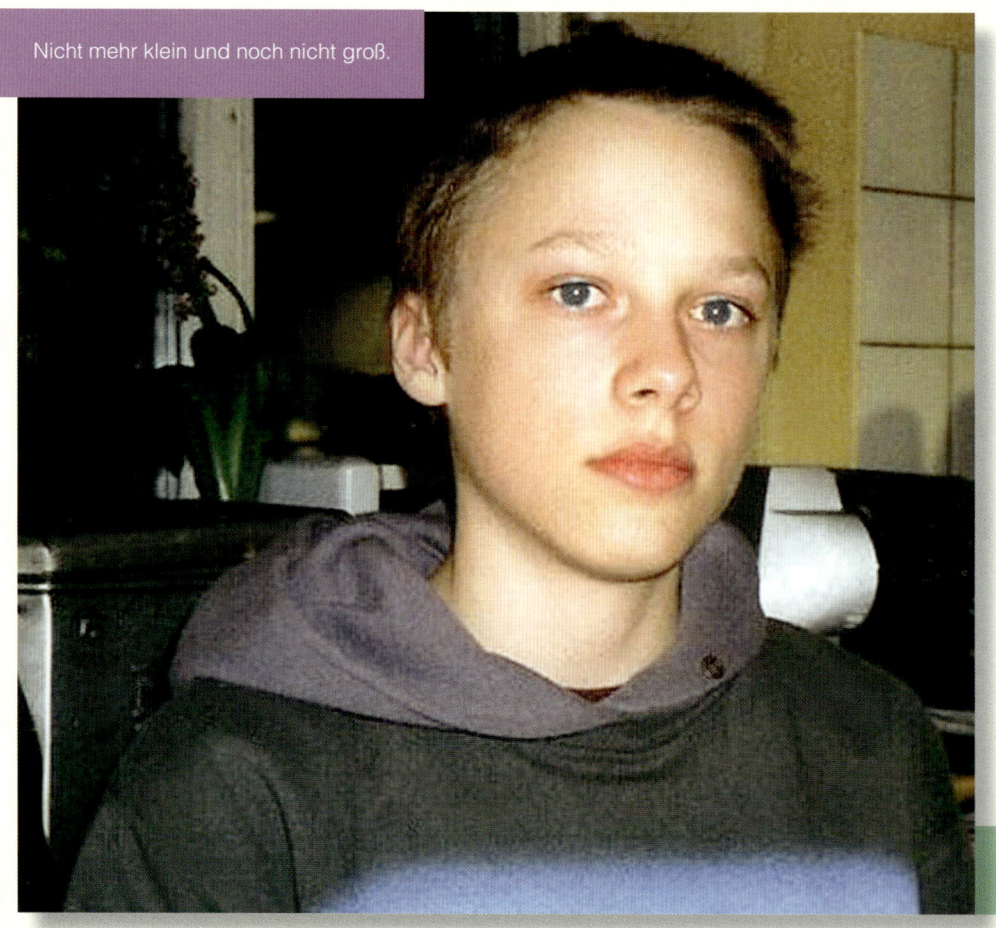

Nicht mehr klein und noch nicht groß.

Der Ort Ziltendorf an der Oder ist komplett überschwemmt.

Kampf gegen die Oderflut

Das verheerende Hochwasser der Oder, das am 17. Juli 1997 das Land Brandenburg erreicht, löst den größten Katastropheneinsatz in Deutschland seit Kriegsende 1945 aus. Am 23. Juli bricht bei Brieskow-Finkenheerd der erste Deich, er wird auf einer Länge von zweihundert Metern fortgespült. Weitere Dammbrüche folgen. Am 27. Juli erreicht der Oderpegel in Frankfurt den historischen Höchststand von 6,57 Meter. Im Oderbruch werden Tausende von Menschen evakuiert. 45 000 Helfer, darunter 30 000 Bundeswehrsoldaten mit 3000 Fahrzeugen und 50 Hubschraubern, sind vom 18. Juli bis zum 10. Oktober gegen das Hochwasser und dessen Folgen im Einsatz. Acht Millionen Sandsäcke werden mit 177 000 Tonnen Sand und Kies gefüllt. Erst Anfang August sinkt der Pegel allmählich ab, am 9. August können die evakuierten Dorfbewohner in ihre schwer beschädigten Häuser zurückkehren. Die Fluten der Oder verursachen in Deutschland Schäden in Höhe von 330 Millionen Euro, in Polen und Tschechien in Höhe von 3,8 Milliarden. In den beiden Nachbarländern kommen 114 Menschen ums Leben.

Die Zahnspangengeneration

Der Herbst ist unsere Lieblingsjahreszeit. Irgendwie haben wir die Schule doch vermisst, aber nicht den Englischunterricht, Erdkunde und Geschichte, sondern unsere Freunde, und natürlich sie bzw. ihn! Im Pausenhof dürfen wir uns endlich wieder richtig austoben. Wir spielen Basketball und Fußball, können unsere wallenden Hormone richtig ausspielen in Zweikämpfen, Jubelschreien und waghalsigen Aktionen, oder wir spielen Tischtennis, dabei am liebsten das Spiel „Tischrundlauf", eine Tischtennisvariante, bei der auch mehr als vier Spieler spielen können. Als Schläger missbrauchen die, die keinen echten Schläger besitzen, einfach das Biologie- oder Französischbuch. Ansonsten spielen wir noch gerne

Beim Fototermin immer schön die Lippen aufeinanderpressen.

„Dandeln" und „Hackeysacken", Geschicklichkeitsspiele mit kleinen Bällen, die wir in der Luft halten müssen, garniert mit artistischen Trickeinlagen. Oder wir lassen es ruhig angehen und waten mit unserem besten Kumpel oder der besten Freundin durchs rot-braun-gelbe Laub, diskutieren dabei über Gott und die Welt und natürlich das andere Geschlecht. Mit unserer Sommerliebe wurde es nichts mehr, wir sind so jung und unentschlossen, sprunghaft haben wir uns dazu entschieden, jemand anderes zu lieben. Dieser neue Stern am Firmament leuchtet so bezaubernd, sexy und verwegen im Klassenzimmer umher, bereits geübt, haben wir es wieder einmal gewagt – „Willst du ... ähm, mit mir gehen?" – und dann, an einem kühlen Herbstabend ist es endlich so weit: es passiert im Zuge einer Teenagerparty, einer Discofete mit Tanzmusik und Alkoholfreiem, mit Discokugel und R. Kelly, dem Anton aus Tirol und Tom Jones. Der erste Kuss, doch, Unglück, wir tragen eine Zahnspange. Dieses Jugendphänomen, welches so unerbittlich gegen uns kämpft, nämlich die Tatsache, dass unsere Zähne aus allen Ecken und Enden des Mundraums in alle Richtungen und Bahnen der Sphäre zeigen, nur nicht dorthin, wo sie sollten, hat es so gewollt – inmitten der zarten, romantischen, schleimigen Partie verhaken sich unsere Zahnspangen und wir kriegen einander nicht mehr los. Der Speichel rinnt uns aus den Mundhöhlen auf die Tanzfläche, die Wangen sind bereits glutheiß und blutrot, Weltuntergang, verschwinden – bitte, jetzt! Wir versinken schon im speichelgetränkten Erdboden, da lösen sich unsere Metallartefakte und wir beschließen: Das war's! War schön mit dir, aber ich glaub', das wird nichts. Nach der Nummer kann ich dir leider nie mehr in die Augen blicken, mach's gut, viel Glück auf deinen Wegen!

Kohl geht, Schröder kommt.

Das Ende der Ära Kohl

Die Bundestagswahl vom 27. September 1998 bedeutet ein mehrfaches Novum in der Geschichte der Bundesrepublik: Erstmals erhalten die Parteien, die sich traditionell als „links der Mitte" einstufen (SPD und Grüne), mehr als 50 Prozent der Stimmen. Ebenfalls erstmals wird eine Bundesregierung komplett abgewählt, während beim Regierungswechsel 1982 nur der „Seniorpartner" wechselte (CDU/CSU statt SPD) und 1969 der ehemalige Juniorpartner SPD die Rolle des Seniors übernahm. Kanzlerkandidat der CDU/CSU ist 1998 zum fünften Mal in Folge nach 16 Jahren im Amt Bundeskanzler Helmut Kohl. Für die SPD tritt erstmals der damalige niedersächsische Ministerpräsident Gerhard Schröder an. Der SPD gelingt es zum ersten Mal nach 1972, stärkste Partei zu werden. Die FDP ist nach der Wahl nach 29 Jahren nicht mehr an der Regierung beteiligt. Die sozialistische PDS erringt Fraktionsstatus im Deutschen Bundestag. Im Ergebnis der Wahl bildet sich die erste rot-grüne Koalitionsregierung auf Bundesebene.

Radikal brachial!

Der Winter ist unsere Lieblingsjahreszeit. Wir bauen Schneemänner oder Schneefrauen als Ersatz verflossener Lieben, kämpfen in Schneeballschlachten um Respekt und die Würde, die wir auf Jugendfeten verloren haben, versuchen unser Selbstbewusstsein wieder aufzubauen, wie die Schneefestungen einer Schneeballschlacht. „Einseifen" ist unsere Lieblingsschlachttechnik, dabei geht es nicht um Schneekugeln, sondern um Schneemassen, Massen in Nacken, auf Rücken, am Steiß, in Hosenbeinen und sonst noch überall, wo es wehtut und einen grausam erstarren lässt, weil es zu kalt ist. Bald haben wir die gegenseitige Folter im Freundeskreis satt und gehen einfach nur gemütlich rodeln oder gefährlich,

Hauptsache abwärts durch den Schnee.

haarsträubend, atemstockend, selbstmörderisch Schlitten fahren. Dabei missbrauchen wir zuweilen auch Mülltüten als fahrbaren Untersatz, und rutschen – oder fliegen – dabei im Stand den Hang hinunter. Wenn das unsere Eltern sähen ... Wir veranstalten Schlittenketten und Massenkarambolagen, Downhillrennen und Stuntshows. Man kann durchaus sagen, dass uns die MTV-Sendung „Jackass" beeinflusst hat. Dort vertreiben sich junge Männer bzw. großgewachsene Kinder die Zeit mit unterschiedlichen Stunts und gefährlichen Mutproben. Am Anfang der Sendung wird die reizvolle Warnung eingeblendet: „Liebe Kinder! Bitte nicht nachmachen!"

Unserer Abenteuerlust ist es auch zu verdanken, dass das Snowboardfahren unter Jugendlichen immer beliebter wird. Der Wintersport „mit nur einem Ski" ist cool und lässig, angefangen bei den lässigen, schlabbernden Hosen und Jacken, bis hin zu den geschmeidigen Bewegungen und den furchtlosen Sprüngen. Pulverschneevergnügen und Halfpipe, Gipfelsturm und Slalomrennen – das ist unser winterlicher Zeitvertreib. Manch einer bestreitet sogar Wintersportrennen, wobei durch das Snowboarden eine neue Form des Rennens aufkommt, das Crosshillrennen. Der Streckenverlauf ist natürlich und wenig präpariert, mit Bäumen und Schanzen gespickt, und die Fahrer müssen nicht Fähnchen umfahren, sondern einfach nur irgendwie runterkommen, koste es, was es wolle. Dabei sind Zusammenstöße nicht ausgeschlossen. Gefahr = Spaß, die Formel unserer Jugend! Andere Trendsportarten sind Klettern, Kajakfahren, Inlineskaten, Skateboardfahren, Wakeboarden, Surfen und fernöstlicher Kampfsport – eben alles, was gefährlich, brachial, halsbrecherisch, todeslustig und radikal ist, eben genauso wie unsere Jugend!

Rekord bei der Loveparade

1999 erzielt die Loveparade in Berlin mit 1,5 Millionen Teilnehmern einen neuen Rekord. Die erste Loveparade ist 1989 als spontane Idee nach einer durchfeierten Nacht unter dem Motto Friede, Freude, Eierkuchen als politische Demonstration entstanden. An dem am 1. Juli 1989 stattfindenden Aufzug über den Kurfürstendamm nehmen nur 150 Menschen teil. In den darauffolgenden Jahren bis 1995 findet die Parade immer am ersten Juliwochenende als angemeldete Demonstration auf dem Kurfürstendamm statt. Stets verdoppelt sich die Teilnehmerzahl im Vergleich zum Vorjahr. 1995 sind neben der eigentlichen Paradestrecke auch sämtliche Nebenstraßen überfüllt. Da die Parade inzwischen eine kulturelle Institution und ein nicht zu unterschätzender Wirtschaftsfaktor geworden ist, wird ab 1996 der Verlauf vom Ernst-Reuter-Platz in Charlottenburg über die Siegessäule zum Brandenburger Tor gewählt. Die Loveparade ist immer eine ausnehmend friedliche Veranstaltung mit einer fast unglaublich geringen Zahl an Festnahmen und Verletzten. Bei den stets weniger als hundert Festnahmen handelt es sich meist um Drogenhändler, bei den Krankheitsfällen häufig um Kreislaufzusammenbrüche wegen Drogenkonsums oder der Sommerhitze.

Was ist ein Akkord?

Viele von uns suchen Wege, ihre Persönlichkeit individuell und persönlich auszudrücken und finden dabei die Musik. Ob Gitarre, Flöte, Kontrabass, Klavier oder Mundharmonika, die Möglichkeiten, sich musisch auszutoben,

Ein kleines Konzert zu Weihnachten macht immer Eindruck.

sind schier unendlich. Die beliebtesten Instrumente bleiben allerdings das Klavier und die Gitarre. In jeder kleineren Stadt gibt es Musikschulen und die große Nachfrage nach Musikunterricht für Kinder und Jugendliche lässt die Preise kontinuierlich nach oben gehen. Doch viele Eltern lassen sich den musischen „Spaß" etwas kosten und sind froh, ihre doch sonst arg unruhigen Kindern ausgelassen und glücklich zu sehen. Die therapeutische Wirkung von Musik lässt den einen oder anderen „Problemfall" zum ausgeglichenen, ausgelassenen Kind werden.

Totale Sonnenfinsternis

Am 11. August 1999 findet über Zentraleuropa das seltene Ereignis einer totalen Sonnenfinsternis statt. Sie wird zuerst etwas östlich der nordamerikanischen Ostküste als partielle Sonnenfinsternis sichtbar und bewegt sich mit etwa 1600 km/h über den Atlantik nach Landsend an der Westspitze Englands. Dort ist sie bereits als totale Finsternis sichtbar. Der Totalitätsstreifen zieht sich quer über Europa bis nach Rumänien, wo die Sonnenfinsternis am längsten dauert, nämlich 2 Minuten und 23 Sekunden. Östlich von Indien im Golf von Bengalen endet bei Sonnenuntergang die Finsternis. Da der Durchmesser der Sonne das Vierhundertfache des Mond-Durchmessers beträgt und der Abstand zwischen Erde und Mond am 11. August 1999 ein Vierhundertstel der Entfernung zwischen Erde und Sonne beträgt, kommt es an diesem Tag über Zentraleuropa zu einer totalen Finsternis.

Teilweise mit Brillen geschützt beobachten Kinder die Sonnenfinsternis.

Millenniumsfest rund um die Erde

Wir fiebern diesem im wahrsten Sinne des Wortes Jahrtausenderlebnis entgegen und haben schon Wochen vorher nichts anderes mehr in unseren Köpfen. Das Millennium naht. Wir sind gerade 13 Jahre und wollen dieses Ereignis entweder noch im Kreis unserer Familie oder vielleicht auf einer unserer ersten Partys mit Freunden feiern.

Mit unzähligen Feuerwerken, Feiern und Festveranstaltungen wird in der Nacht vom 31. Dezember 1999 zum 1. Januar 2000 in allen Teilen der Welt das neue Millennium willkommen geheißen und wir werden Teil davon sein. Aber wir werden nicht alle gleichzeitig feiern, und schon bevor wir mit den konkreten Vorbereitungen beginnen, sind andere bereits ins nächste Jahrtausend gerutscht.

Als Erste begrüßen die Einwohner der Südseeinseln das neue Jahrtausend mit traditionellen Stammestänzen und Musik. Wie die anderen Menschen auf dem Planeten das Ereignis feiern, wird in Fernsehberichten genau beleuchtet und in Bethlehem steigen um Mitternacht 2000 weiße Tauben auf, während Südafrikas Nationalheld Nelson Mandela in seiner ehemaligen Gefängniszelle eine Kerze

symbolisch als „Flamme der Freiheit" entzündet. Die meisten Menschen an einem Ort kommen in Rio de Janeiro zusammen, wo fünf Millionen bei sommerlichen Temperaturen an den Stränden tanzen. Zweieinhalb Millionen Menschen begehen den Jahrtausendwechsel in London am Themseufer, in Berlin feiern mehr als zwei Millionen zwischen Siegessäule und Alexanderplatz und jeweils etwa eine Million auf dem New Yorker Times Square, im Hafen von Sydney und am Eiffelturm in Paris. Wir hören sogar von sehr reichen Menschen, die das Millennium um die Welt jettend mehrfach und an verschiedenen Orten feiern. Der erste Mensch des neuen Jahrtausends kommt zehn Minuten nach Mitternacht im neuseeländischen Auckland zur Welt.

Doch wir alle haben nur den Wunsch, dass dies ein Jahrtausend mit weniger kriegerischen Auseinandersetzungen wird und dieser Gedanke begleitet die offiziellen Feierlichkeiten.

Fernseh-Voyeurismus

Viele von uns wollen es nicht zugeben, doch ein ganz bestimmtes Phänomen lockt nahezu jeden von uns vor den Fernseher. Am 28. Februar 2000 startet auf einem kommerziellen Fernsehkanal die erste Staffel der Reality-TV-Serie „Big Brother". Wir alle sind irrsinnig gespannt, wie sich Menschen auf engstem Raum verhalten. Mit Filmkameras und Mikrofonen werden dabei rund um die Uhr zehn Kandidatinnen und Kandidaten, die sich freiwillig in ein Haus haben sperren lassen, beobachtet. Wir führen hitzige Diskussionen darüber auf dem Schulhof und insgeheim finden sich viele von uns in einer Person im Haus wieder. Jede Woche verlässt ein Kandidat das Haus und die von den Zuschauern getroffenen Entscheidungen stoßen nicht bei jedem von uns auf Zustimmung. Der große Ansporn für die Kandidaten zur Teilnahme an dieser TV-Serie ist die Siegesprämie von einer Million D-Mark und so mancher von uns beginnt konkret über eine Teilnahme an der nächsten Staffel nachzudenken. Unsere Versuchsobjekte werden von Millionen Fernsehzuschauern beobachtet wie sie essen, duschen, lästern, schlafen, streiten oder sich die Zeit durch das Lösen von Aufgaben vertreiben, die ihnen gestellt werden. Zwei unserer vermeintlichen „Idole", Zlatko und Jürgen, räumen zwar nicht die halbe Million ab, erobern aber mit eigenen Songs vordere Plätze bei den Single-Charts und verkaufen Zehntausende von CDs.

Die Leidtragenden der PISA-Studie.

Der PISA-Schock

Im Jahr 2000 trifft uns mit der Veröffentlichung der PISA-Studie die Erkenntnis, dass wir, also das deutsche Schulsystem, im internationalen Vergleich der schulischen Leistungen nur im Mittelfeld landen. Die PISA-Studie wird von der OECD durchgeführt. Sie hat zum Ziel, alltags-und berufsrelevante Kenntnisse und Fähigkeiten 15-jähriger Schüler zu messen und zu vergleichen. Einige von uns haben an diesem PISA-Test über Grundkenntnisse in Mathematik, Naturwissenschaften und Lesekompetenz teilgenommen und müssen alsbald Hohn und Spott über sich ergehen lassen.

Infolge der Veröffentlichung der PISA-Ergebnisse geht ein Aufruhr quer durch die Republik und durch Politik und Presse geistern Ursachenforschung und Verbesserungsvorschläge. Auch die Klassenzimmer bleiben von hitzigen und oftmals ergebnislosen Diskussionen nicht verschont. Wir Schüler haben bald von dieser Diskussion über unser Schulwesen die Nase voll. Politiker nehmen das Zepter in die Hand, Lehrplanänderungen und neue Unterrichtsmodelle sind die Folge. U. a. wird das 8-stufige Gymnasium eingeführt und in manch anderen Bundesländern die Hauptschule als Grund für das Scheitern angesehen und abgeschafft. Doch durchgreifende Änderungen des deutschen Schulwesens bleiben aus. Und so drücken wir weiterhin mal mehr und mal weniger ambitioniert die Schulbank, als wäre nichts gewesen.

2001

Es wird ernst!

2005

Eiskalt hat's uns erwischt.

Wahre Zweisamkeit

Langsam wird es ernst. Im Biologieunterricht kommen die Bananen und Holzattrappen zum Einsatz und unsere Eltern machen endlich reinen Tisch um die Lügen der Bienchen und Blümchen. BRAVO-Leser wissen sowieso schon längst Bescheid, worum es geht. Na ja, eigentlich nicht wirklich, denn ein Teenager kann viel lesen, sehen und mitkriegen, doch noch immer muss er sie selbst fühlen und erleben – die Liebe!

Die BRAVO-Lektüre fesselt.

Chronik

11. September 2001
Die Anschläge auf das World Trade Center und das Pentagon, bei denen tausende Menschen ums Leben kommen, erschüttern die Weltöffentlichkeit.

7. Oktober 2001
Die USA intervenieren in Afghanistan und beginnen ihren Krieg gegen die „Achse des Bösen".

1. Januar 2002
Der EURO wird in den Bargeld-Umlauf gebracht.

11. Januar 2002
Die USA richten in Guantánamo auf Kuba ein Gefangenenlager ein.

26. April 2002
Der Amoklauf am Erfurter Gutenberg-Gymnasium fordert 17 Menschenleben.

August 2002
Die Jahrhundertflut trifft große Teile Europas, vor allem den Osten Deutschlands.

22. September 2002
Gerhard Schröder gewinnt knapp die Bundestagswahl gegen Edmund Stoiber.

15. Februar 2003
Zeitgleich demonstrieren über neun Millionen Menschen weltweit gegen den Irakkrieg.

30. April 2004
Der Skandal um Misshandlungen irakischer Häftlinge im Gefängnis Abu Ghraib erreicht die Medien.

26. Dezember 2004
Ein Seebeben im indischen Ozean löst einen Tsunami aus, welcher Hunderttausenden das Leben kostet.

19. April 2005
Mit Kardinal Joseph Ratzinger als Benedikt XVI. wird erstmals ein Deutscher Papst.

27. Oktober 2005
Bei der Verfolgung durch die Pariser Polizei sterben zwei ausländische Jugendliche. Unruhen in den Pariser Vororten brechen aus.

Mit fünfzehn, sechzehn Jahren haben die meisten ihren ersten richtigen Freund oder die erste richtige Freundin. Nix da mit „Willst du mit mir gehen", sondern wahre Zweisamkeit. Es ist ein schönes Gefühl, jemanden zu haben, der einen versteht, während die Eltern durchzudrehen scheinen, die Lehrer sowieso, und die Welt morgen untergeht. Jemandem nah sein zu können und Momente zu teilen: das erste gemeinsame Date im Kino, das zweite in der Bar, das dritte im Musical, der Sommertag am See, die kleine, zweisame Bescherung am Heiligen Abend abseits der Familien, zerbrochenes Porzellan, die erste Versöhnung. Leider ist es meistens schon nach einigen Wochen oder Monaten vorbei, denn erste Liebschaften währen bekanntlich nicht am längsten, doch selbst wenn zerrissene Fotos und zerschundene Voodoo-Puppen anderes andeuten, haben wir einiges aus dieser Zeit gelernt und erinnern uns später noch gerne daran.

Immer schön cool bleiben.

In sein, cool sein, basta!

Das Einzige, was auf der Zielgeraden, diesen letzten Jugendjahren noch zählt, ist in sein und cool sein, dann haben wir es überstanden!

Ganz in: Nebenjob. Im Hamsterrad „Teenagerzeit" rudern wir zwischen Schule, Elternzoff und Statussymbolen auch noch im Berufsleben, um uns all das, was „in" ist, kaufen zu können. Stellt sich nur noch eine Frage: Welcher Nebenjob? – Zeitungen austragen? – Schnee von gestern! Babysitten? – Uncool! Nachhilfe? – Streber! Lidl-Kasse? – Grauenhaft! Wie man sieht, muss es schon ein cooleres Gewerbe sein. Kellnern, Brot backen, Bars keepen, Schuhe verkaufen, Kugelschreiber zusammenschrauben – das ist die Wahrheit!

Ganz cool: Personalausweis. Wir zählen 16 Jahr', da dürfen wir den erbärmlichen Lappen „Kinderausweis" in einen schicken, ersten „Perso" eintauschen. Wieder ein Schritt zum Erwerb erwachsener Würde. Die lässige Plastikkarte führen wir immer mit uns und haben sie stets griffbereit, um damit anzugeben, oder genau dann vergessen, wenn uns der skeptische Türsteher der Diskothek danach fragt. In den meisten Fällen entspricht unsere Optik schnell nicht mehr der Person, die auf dem Ausweis zu sehen ist, denn selbstverständlich entwickeln wir uns auch noch in der späteren Pubertät weiter. Die Pickel der Vollpubertät verabschieden sich und werden auch nicht vermisst, Bartstoppeln hingegen freudig akzeptiert, von den Jungs an sich, wie auch von ihren Verehrerinnen. Viele wollen einen Partner, der Reife ausstrahlt, doch zu wahrer Reife ist es noch ein langer Weg.

Der Amoklauf von Erfurt

Am 26. April 2002 erschießt ein Jugendlicher namens Robert Steinhäuser bei einem Amoklauf im Erfurter Gutenberg-Gymnasium 16 Menschen, danach tötet er sich selbst. Die Opfer sind Schüler, Schülerinnen, Lehrer und Angestellte der ehemaligen Schule des Attentäters sowie ein Polizist. Zum Motiv des Amokläufers gibt es nur Vermutungen. Robert Steinhäuser ist ein halbes Jahr zuvor von der Schule verwiesen worden. Er hat wenig Kontakte zu Gleichaltrigen und ein schlechtes Verhältnis zu seinen Eltern. Er gilt als Außenseiter, spielt oft Gewalt darstellende Computerspiele und sieht gern ähnliche Filme, ein weiteres Hobby von ihm sind Waffen. Das entsetzliche Ereignis führt zu neuen Diskussionen über schärfere Waffengesetze und das Verbot von bestimmten Computerspielen. Das Erfurter Gutenberg-Gymnasium bleibt bis 2005 geschlossen, damit Schülerinnen und Schüler die Erinnerungen an das furchtbare Geschehen besser verarbeiten können.

Was soll bloß aus dir werden?

Die letzten Jahre unserer Minderjährigkeit begleiten die immer gleichen Fragen, die uns entweder die Eltern, die Lehrer, wir selbst, oder, in unglücklicheren Fällen, das Arbeitsamt stellen: „Was soll bloß aus dir werden?" Haupt- und Realschulabgänger schlagen meistens direkt den Weg in die Arbeitswelt ein, indem sie eine Lehre anfangen. Mit unseren 16 Jahren haben wir nun also eine wichtige, folgenschwere, ja wahrscheinlich das Leben bestimmende Entscheidung zu tragen. Welchen Beruf soll ich aufnehmen? Wir Auszubildenden, genannt „Azubis", genießen ein unend-

Diese Kandidaten sollen später einmal Politik und Wirtschaft lieben lernen.

lich triumphales Privileg gegenüber den Oberschülern, die noch die Schulbank drücken. Sofern sie nicht eine kleine Nebentätigkeit aufnehmen, sind sie nach wie vor vom Taschengeldtransfer ihrer Eltern abhängig. Wir hingegen verdienen unser eigenes Geld, wenn auch nur in Form eines kleinen Azubi-Gehalts. Nichtsdestotrotz stellt dieser Geldsegen eine erhebliche Verbesserung unserer Lebensverhältnisse dar, schließlich müssen wir, die noch gemütlich im „Hotel Mama" logieren, weder für Miete und Strom, noch für Versicherungen und anderen Geldkram aufkommen. So steht uns monatlich ein beachtlicher Geldbetrag zur Verfügung, der in seltensten Fällen vernünftig gespart, sondern meist gleich in ein schönes Freizeitleben, Kleidung oder Elektronik umgewandelt wird.

Style und Statussymbole

Modisch befinden wir uns in einer schnelllebigen, wenig vom Zweck bestimmten Zeit: Zuerst sind Jeansjacken, dann Armeejacken und später Lederjacken ganz in, und zwar meistens genau dann, wenn wir im Winter unter einer dünnen Jeansjacke frieren, die Armeejacke im Herbstregen trieft und uns der Schweiß unter der Lederjacke im Sommer rinnt. Am schnellsten jedoch wechselt unser Schuhwerk: Je nach Saison muss es der angemessene Treter sein. Doch die Saison wechselt mitunter schneller als die Jahreszeiten und wir bald schneller als die Saison selbst den Untersatz. Muffige, gefütterte Skaterschuhe im Hochsommer, schlammge-

Wir wussten schon immer,
was gut für uns ist.

tränkte, schlanke Sneaker im Herbst und luftige „Chucks" im Winter – auf die Funktion legen wir keinen Wert. Wie kann man sich sonst Sonnenbrillen in geschlossenen Räumen erklären? Variabel, vielfältig, dekorativ, beeindruckend. Accessoire, Statussymbol, Style und Balzoptik. Diese Wörter beschreiben die Modewelt unserer Teenagergeneration.

Ein weiteres Statussymbol sind elektronische Spielereien. Das Handy gehört nur zum Standardrepertoire, iPod bzw. Mp3-Player sowieso. Wer zu Hause eine PS2 oder Xbox stehen hat, gilt als besonders cool. Ein eigener Computer, oder besser noch, Laptop muss es auch noch sein. Das eleganteste Handy, die flachste Digicam, die fettesten Boxen und die trendigste Konsole – wir kennen sie alle, wir sind doch nicht blöd!

Wir wollen Spaß
im Leben.

Seebeben in Asien

Am zweiten Weihnachtsfeiertag 2004 erschüttert um 7.58 Uhr indonesischer Ortszeit ein Seebeben der Stärke 9,1 den Indischen Ozean. Das Zentrum des Bebens liegt bei der Insel Sumatra, an der Bruchzone zwischen der indisch-australischen Platte und der eurasischen Platte. Das Naturereignis löst mehrere Flutwellen aus, die sich auf alle Richtungen verteilen. Manche Wellen erreichen eine Höhe von sechs Metern. Die Wassermassen überfluten in den Küstenregionen von Indonesien, Thailand, Indien und Sri Lanka ganze Landstriche mit Dörfern, Feldern und Straßenzügen. Bis weit ins Landesinnere dringen die Wassermassen vor und nehmen auf ihrem Weg Menschen, Häuser, Bäume und Fahrzeuge mit. Die Katastrophe trifft vor allem die arme Bevölkerung der jeweiligen Länder. Sogar auf der gegenüberliegenden Seite des Indischen Ozeans, in Ostafrika, fordert das Seebeben seine Opfer. Insgesamt sind rund 230 000 Tote zu beklagen, über 1,5 Millionen Menschen werden obdachlos. Infolge von stehendem, verschmutztem Wasser, Mückenschwärmen und Leichen grassieren Typhus, Cholera, Lungeninfektionen und Durchfall. Zum Zeitpunkt des Seebebens existiert am Indischen Ozean kein Frühwarnsystem wie am Pazifik. Damit hätte eine derartige Katastrophe verhindert werden können. Auch weil sie Einbußen der Tourismusindustrie befürchten, schlagen die Behörden zu spät Alarm. Als Katastrophenhilfe fließt aus Deutschland eine Milliarde Euro in die betroffenen Länder, davon 500 Millionen Euro aus privaten Spenden der Bevölkerung.

Ethnokitsch fürs Jugendzimmer

Die Deutschen begeistern sich mehr und mehr für Fernreisen, Reiseziele in weiter Ferne und hin zu fremden Kulturen. Am Strand von Patthaya oder Ko Samui lassen wir uns die Sonne auf den Rücken scheinen, das bleicht nicht nur die Pickel aus, sondern macht uns auch noch schön braun. Wir kosten

Andere Länder, andere Haustiere.

exotische Speisen wie pikante Fleischspieße in süßen, sauren, scharfen, würzigen Soßen und probieren bisher uns unbekannte Früchte wie Stern- und Drachenfrüchte. Wir kaufen Ethnokitsch, um damit zu Hause unser Zimmer zu schmücken, z. B. Buddhastatuen und Wandbehänge, marokkanische Lampen und Wasserpfeifen. Unser Jugendzimmer soll jetzt cool aussehen, nichts soll mehr an das Kinderzimmer von früher erinnern. Die Tempel und Medinas interessieren uns immer noch nicht so recht, wir wollen Spaß haben und Sport treiben, den Sommer gemütlich ausklingen lassen, in heißen Erwartungen an das neue Schuljahr.

Fitness – der
Trend der Zeit.

Laufband statt Leichtathletik

Wer schön sein will, muss leiden. Das wissen alle, die im bittersten Winter ärmellos frieren, jedoch auch jene, die regelmäßig ein Fitnessstudio aufsuchen. Und es werden immer mehr! Laufband statt Leichtathletikverein, Drückbank statt Fußballmannschaft. Der Trend zum Individualsport führt uns von den Vereinen in die Muckibuden. In Anlehnung an eine berühmte Schnellimbisskette entsteht der Fitness-Konzern „McFit", eine Abfertigungsanstalt gestählter Körper mit großer Medienpräsenz und einem Angebot für den kleinen Geldbeutel, aus diesem Grund vor allem bei uns sehr beliebt. Das Fitnessstudio ist nicht nur Sportstätte, sondern auch Treffpunkt. Man trifft sich, tauscht sich aus, misst sich und feuert einander an. Das macht aus dem Individualsport dann doch eine recht gesellige Angelegenheit.

Strahlende Siegerin nach der Bundestagswahl: Bundeskanzlerin Angela Merkel.

Die erste Bundeskanzlerin

Während ihrer zweiten Amtsperiode wächst der Druck auf die rot-grüne Bundesregierung. Bundeskanzler Gerhard Schröder kann sein Wahlversprechen von 1998 wiederum nicht einhalten, die Zahl der Arbeitslosen zu reduzieren, sie hat sich während seiner nunmehr siebenjährigen Regierungszeit sogar noch erhöht. Reformen zu Gunsten der Unternehmer stoßen auf zunehmenden Widerstand in der Bevölkerung, die schon seit Langem von Sozialabbau spricht. Außerdem blockieren die innere Zerrissenheit der SPD und die christlich-liberale Mehrheit im Bundesrat die Handlungsfähigkeit der Bundesregierung. Um aus der Sackgasse herauszukommen, will Schröder am 1. Juli 2005 im Bundestag die Vertrauensfrage stellen und damit Neuwahlen erzwingen. Wie vom Kanzler gewünscht, entziehen ihm die Bundestagsabgeordneten das Vertrauen. Am 18. September 2005 kommt es zu Neuwahlen, aus denen die CDU/CSU knapp als Siegerin hervorgeht. Danach wählt eine große Koalition aus CDU/CSU und SPD die CDU-Vorsitzende Angela Merkel zur ersten Bundeskanzlerin.

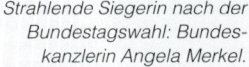

Weltreise, Führerschein, Volljährigkeit

Während die Auszubildenden den Vorteil des eigenen Einkommens genießen, dürfen sich auch die die Schulbank Drückenden neuer Wahlmöglichkeiten erfreuen. Ob uns die Qual der Wahl oder die Wahl der Qual bleibt, sei dahingestellt. In den letzten Schuljahren steht es uns nämlich frei, einen Schwerpunkt bzw. Neigungsfächer im Lehrangebot zu wählen, sodass wir in unseren Leistungskursen bzw. der Fachoberschule gezielt auf ein bestimmtes Berufsfeld vorbereitet werden – nur, um dann im Nachhinein doch etwas anderes zu machen, denn immerhin machen wir, was wir wollen, und in dieser turbulenten Zeit entscheiden wir uns des Öfteren mal um. Schreiner, Schauspieler oder doch lieber Zahnarzt? Jobben, Gammeln, Bilden? Krieg? Dienst? Verweigerung? Ausbildung, Fehlbildung, Einbildung? Duales, doppeltes, Nasenbohrer- oder doch kein Studium? Rot, blau, grün? Petra, Caro, Evelyn? Hansi, Alex, Bruno? Inland, Ausland, Hinterland? Wohin? Mit wem? Wie und warum?

Am Ende entscheidet, wir hoffen es innig, immer noch die Vernunft. In einem Moment vernünftiger Anwehung entschließen wir uns dann zu sparen. Der bekennende Spießer wird sich einen Bausparvertrag zulegen, doch das sind nicht viele, die meisten greifen eher zur Weltreise oder dem Führerschein. Beide können, je nach Auffassung von „Welt" und Fahrtalent, bis zu mehreren Tausendern in

Anspruch nehmen, sind jedoch in ihrer befreienden Funktion kaum zu unterschätzen. So ist es der Hunger nach endgültiger Freiheit, der uns in den letzten Kindheitsjahren, dieser demütigenden Zeit, am Leben hält. Erwartungsvoll fiebern wir dem langersehnten Ereignis entgegen, der Volljährigkeit. Diese soll uns dann doch bitte pünktlich mit dem Erreichen des Schulabschlusses oder mittels einer Fahrerlaubnis quittiert werden. Wer einige Ehren-, oder noch nicht genug Parkplatzrunden gedreht hat, greift alternativ zur Flasche und besprudelt die Volljährigkeit mit einer feuchtfröhlichen Geburtstagsnacht mitsamt verkatertem Morgen. Es ist jener „Speichel", der uns qualvolle Mathestunden verschlafend, rote Ampeln und Vorfahrten nehmend ziert, und sinnbildhaft steht für unser Streben nach Freiheit, Eigenständigkeit, Verantwortung, Mobilität.

Andere Länder, andere Sitten.

Kinohits

… an die wir uns erinnern und die wir nicht sehen durften, es aber trotzdem taten:

1993
Jurassic Park; Dragonball Z – der legendäre Supersaiyajin
1994
Der König der Löwen; Asterix in Amerika
1995
Toy Story; Mortal Kombat, Jumanji
1996
Independence Day; Dragonheart; Space Jam
1997
MIB – Men in Black; Batman & Robin
1998
Titanic; American History X
1999
Matrix; American Pie

2000
Crazy; Romeo must die
2001
Der Schuh des Manitu; Harry Potter und der Stein der Weisen
2002
Hero; Der Herr der Ringe – die Gefährten
2003
Fluch der Karibik; Kill Bill
2004
Fahrenheit 9/11; L.A. Crash
2005
Saw; Star Wars – Episode III

Nummer-eins-Hits

… die uns positiv oder negativ in Erinnerung bleiben:

1997
Andrea Boccelli & Sarah Brightman: „Time to say goodbye"; Tic Tac Toe: „Warum?"
1998
Celine Dion: „My heart will go on"; Die Ärzte: „Männer sind Schweine"
1999
Britney Spears: „Baby one more time"; Stefan Raab: „Maschendrahzaun"
2000
Zlatko: „Ich vermiss Dich (wie die Hölle)"; Santana: „Maria, Maria"
2001
No Angels: „Daylight in your eyes"; Afroman: „Because I got high"

2002
Shakira: „Whenever, wherever";
Enya: „May it be"
2003
Alexander: „Take me tonight"; The Black Eyed Peas: „Where is the love?"
2004
Schnappi: „Schnappi, das kleine Krokodil"; Eamon: „Fuck it"; Usher: „Yeah"
2005
Tokio Hotel: „Durch den Monsun"

Freunde, wo seid ihr?

Nach dem Schulabschluss, ob nach der mittleren Reife oder dem Abitur, trennen sich unsere Wege. Die Eine beginnt eine Lehre, der Andere absolviert seinen Wehr- oder Wehrersatzdienst, die Dritte geht als Au-pair für ein Jahr ins Ausland und der Nächste zieht zum Studieren in eine andere Stadt. Da verliert man sich schon leicht aus den Augen. Doch zum Glück wird im Oktober 2005 die Internetdomäne StudiVZ gegründet. Dank dieser Internetcommunity, die ursprünglich zur Vernetzung von Studierenden gedacht war, aber mittlerweile genauso von Schülern und Auszubildenden genutzt wird, können wir uns ständig gegenseitig auf dem Laufenden halten. Das Konzept ist simpel: Jeder angemeldete Nutzer erhält ein Profil, auf dem er Informationen und seine Kontaktdaten hinterlegen sowie persönliche Fotoalben erstellen kann, die sich Freunde und Nutzer ansehen können. Auf diese Weise kann man nach bestimmten Personen suchen und Kontakt aufnehmen. Es gibt u. a. auch die Optionen, in Gruppen-Diskussionsforen einzusteigen oder zu „gruscheln", d. h. Kontakt zu Unbekannten aufzunehmen und neue Bekanntschaften zu schließen.

StudiVZ

StudiVZ ist ein webbasiertes soziales Netzwerk und gilt als das größte deutschsprachige Online-Netzwerk. Innerhalb von nur drei Jahren seit Gründung im Oktober 2005 erreichte die Zahl der Anmeldungen rund 5,5 Millionen. Aufgrund des großen Erfolgs wurden auch die Ableger SchülerVZ und meinVZ gegründet. Allerdings wird auch zunehmend Kritik an diesen Internetcommunitys laut wegen der Gefahr des Missbrauchs persönlicher Daten durch Dritte und der schweren Kontrollierbarkeit der eingestellten Inhalte.

Freiheit!

Wie frei, eigenständig, selbstverantwortlich und mobil wir unser Leben als Erwachsene bestreiten, wird die Zukunft zeigen. Wir stehen erst am Anfang davon. Es wird wohl ein ausgewogenes Maß an Vernunft und Bauchgefühl, Mut und Respekt, Individualität und Identität, Fleiß und Freigeist dazugehören, um die Frage „Was soll bloß aus mir werden?" ins Gute zu wenden. Manche werden ein bisschen mehr Glück, andere mehr Charakter, viele mehr Zielstrebigkeit und einige Solidarität brauchen, um die neuen Pflichten zu bewältigen. Wie wir es auch hinkriegen, ob stolpernd, strauchelnd, gleitend oder fallend – erwachsen werden wir alle, früher oder später!

Für alle ab 18

Unsere Jahrgangsbände gibt es
für alle Jahrgänge ab 1921 bis zum aktuellen
18. Geburtstag, auch als DDR-Ausgabe.